expresiones en matemáticas

Dra. Karen C. Fuson

Haz la tarea y recuerda

Grado 2

Volumen 1

This material is based upon work supported by the
National Science Foundation
under Grant Numbers
ESI-9816320, REC-9806020, and RED-935373.

Any opinions, findings, and conclusions, or recommendations expressed in this material are those of the author and do not necessarily reflect the views of the National Science Foundation.

HMH

Printed in the U.S.A.

ISBN 978-1-328-52032-6

11 12 13 14 MP 27 26 25 24

4500894721 A B C D E F G

1-1
Haz la tarea

Nombre ______________________________

1 Escribe dos ecuaciones para cada montaña matemática.

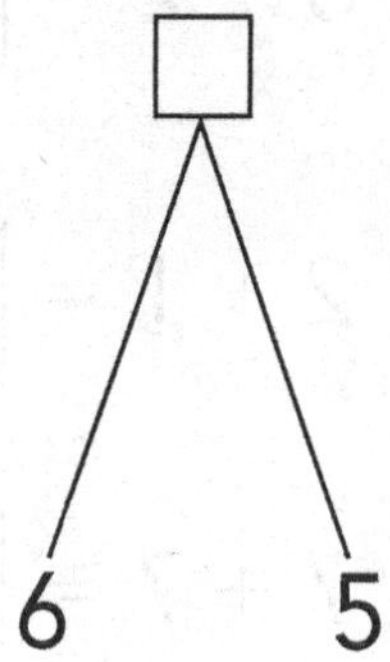

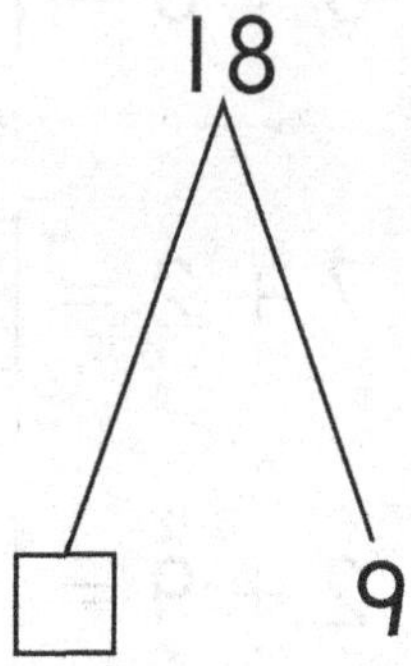

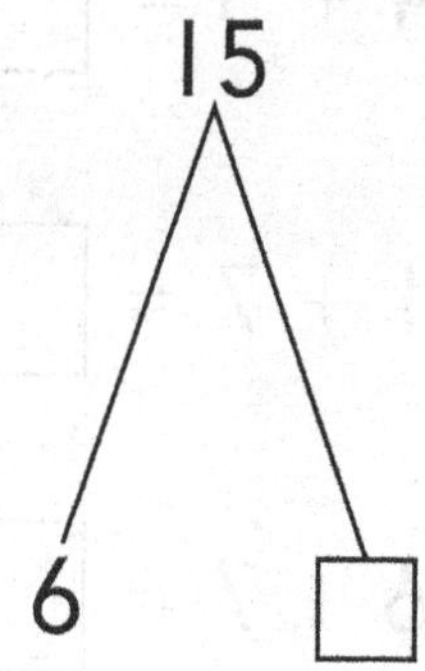

______________ ______________ ______________

______________ ______________ ______________

2 Dibuja una montaña matemática y escribe una ecuación más.

$5 + 8 = \square$ $17 - 8 = \square$ $7 + \square = 12$

______________ ______________ ______________

Nombre ______________________

Suma.

1. $4 + 5 = \square$ $\quad 0 + 8 = \square$ $\quad 3 + 2 = \square$

2. $1 + 7 = \square$ $\quad 7 + 2 = \square$ $\quad 2 + 1 = \square$

3. $6 + 7 = \square$ $\quad 2 + 9 = \square$ $\quad 7 + 7 = \square$

4. $8 + 9 = \square$ $\quad 4 + 7 = \square$ $\quad 1 + 9 = \square$

Resta.

5. $8 - 5 = \square$ $\quad 5 - 5 = \square$ $\quad 4 - 1 = \square$

6. $6 - 2 = \square$ $\quad 9 - 6 = \square$ $\quad 5 - 3 = \square$

7. $14 - 7 = \square$ $\quad 5 - 0 = \square$ $\quad 18 - 9 = \square$

8. $16 - 9 = \square$ $\quad 14 - 6 = \square$ $\quad 15 - 8 = \square$

9. **Amplía tu razonamiento** Los registros de la venta de garaje se mojaron. Escribe los números que debería haber en la tabla.

Artículo	Número vendido cada día		
	Sábado	Domingo	Total
Pajarera	1	6	
Soporte de olla	4		9
Marco	2		10

1-2
Haz la tarea

Nombre ______________________________

❶ Completa las montañas matemáticas y las ecuaciones.

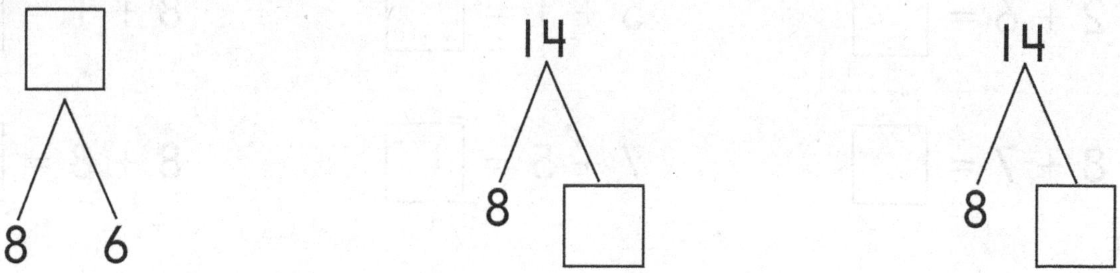

$8 + 6 = \square$ $8 + \square = 14$ $14 - 8 = \square$

❷ **Crea y resuelve** Escribe y resuelve un problema para una de las ecuaciones de arriba.

____

____

____

____

❸ **Haz un dibujo y explica** Dibuja dos montañas matemáticas diferentes con un total de 12. Explica por qué puedes hacer dos montañas matemáticas diferentes.

____

____

____

____

Nombre ____________________

Suma.

❶ $2 + 6 = \square$ $5 + 1 = \square$ $8 + 1 = \square$

❷ $8 + 7 = \square$ $7 + 5 = \square$ $8 + 8 = \square$

Resta.

❸ $9 - 3 = \square$ $4 - 2 = \square$ $8 - 1 = \square$

❹ $12 - 8 = \square$ $16 - 9 = \square$ $15 - 8 = \square$

❺ Escribe dos ecuaciones para cada montaña matemática.

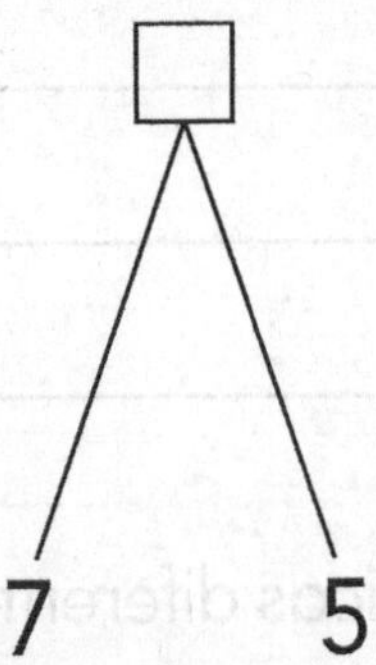

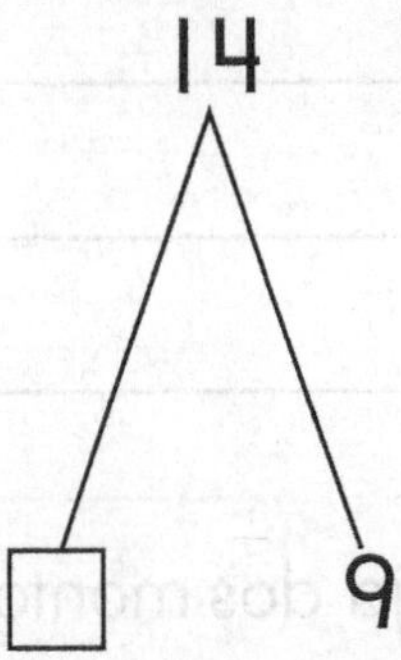

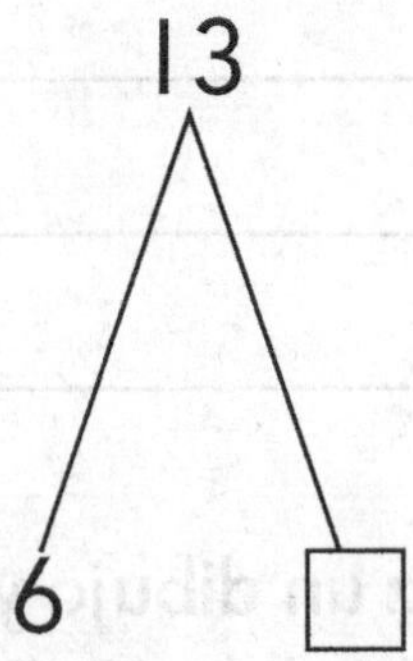

____________ ____________ ____________

____________ ____________ ____________

❻ **Amplía tu razonamiento** Escribe cuatro ecuaciones para esta montaña matemática.

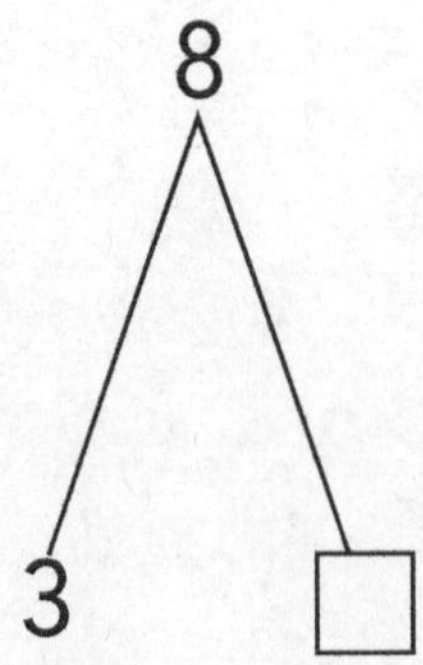

____________ ____________

____________ ____________

1-3
Haz la tarea

Nombre ______________________________

Forma una decena para hallar el total.

1. $3 + 8 = \square$ $4 + 8 = \square$ $4 + 9 = \square$

2. $8 + 6 = \square$ $9 + 5 = \square$ $8 + 5 = \square$

3. $6 + 7 = \square$ $7 + 7 = \square$ $7 + 5 = \square$

4. $2 + 9 = \square$ $5 + 7 = \square$ $9 + 2 = \square$

5. $3 + 9 = \square$ $8 + 9 = \square$ $4 + 7 = \square$

6. $9 + 8 = \square$ $7 + 6 = \square$ $5 + 9 = \square$

7. $6 + 9 = \square$ $6 + 6 = \square$ $5 + 6 = \square$

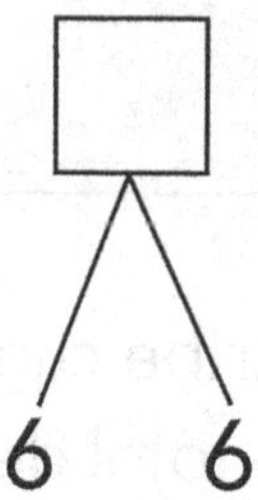

8. **Pensamiento crítico** Explica cómo formar una decena para hallar $8 + 6$.

____

____

Nombre ______________________

Suma.

1

4	5	7	8	7	9
$+7$	$+6$	$+8$	$+6$	$+7$	$+5$

Resta.

2

13	12	17	14	15	16
-8	-7	-9	-6	-7	-8

3 Escribe dos ecuaciones para cada montaña matemática.

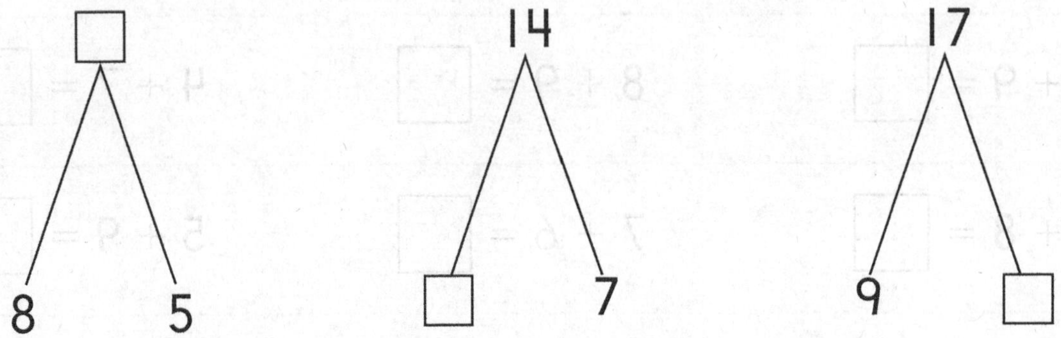

______________________ ______________________ ______________________

______________________ ______________________ ______________________

4 **Amplía tu razonamiento** Escribe cuatro montañas matemáticas diferentes con un total de 11.

Nombre ______________________________

$8 + \boxed{6} = 14$ o $14 - 8 = \boxed{6}$

Ya es 8 — 9 10 + 4 más

u 8 + 2 + 4 = 14 (6 → 2 + 4)

u 8 — 10 + 4

Ya es **8**

2 más a 10

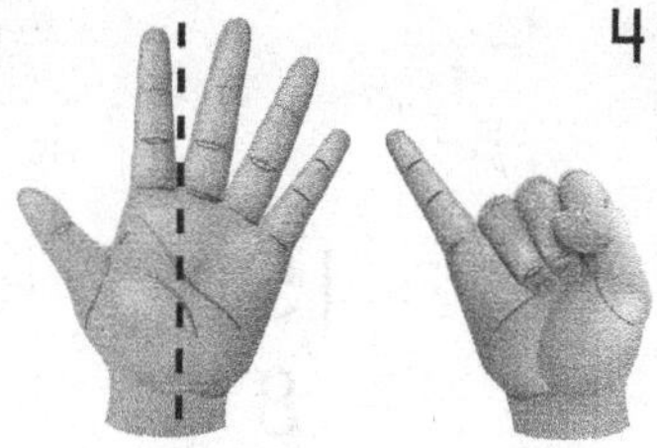

4 más a 14

Halla el sumando desconocido (parte desconocida).

1 $5 + \square = 12$ $15 - 8 = \square$ $8 + \square = 16$

2 $7 + \square = 16$ $13 - 4 = \square$ $9 + \square = 12$

3 $3 + \square = 12$ $11 - 2 = \square$ $7 + \square = 13$

4 $9 + \square = 15$ $14 - 8 = \square$ $17 - 9 = \square$

5 $8 + \square = 12$ $16 - 8 = \square$ $16 - 7 = \square$

6 $5 + \square = 13$ $18 - 9 = \square$ $12 - 7 = \square$

7 $4 + \square = 12$ $11 - 4 = \square$ $12 - 9 = \square$

8 **Explica tu razonamiento** Elige una ecuación de arriba. Explica cómo puedes formar una decena para hallar la parte.

____

Nombre ____________________

Suma.

1

6	7	8	9	6	5
+ 9	+ 6	+ 8	+ 7	+ 8	+ 8

Resta.

2

11	15	18	13	16	14
− 3	− 8	− 9	− 4	− 9	− 7

3 Completa las montañas matemáticas y las ecuaciones.

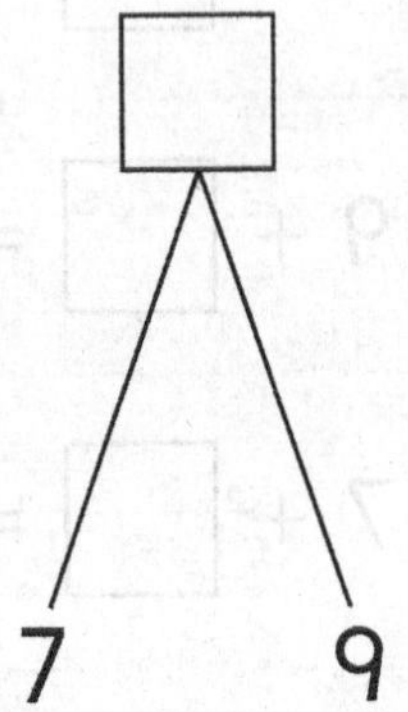

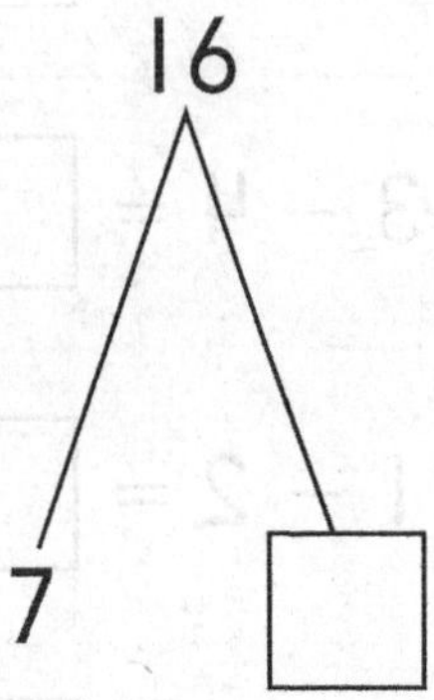

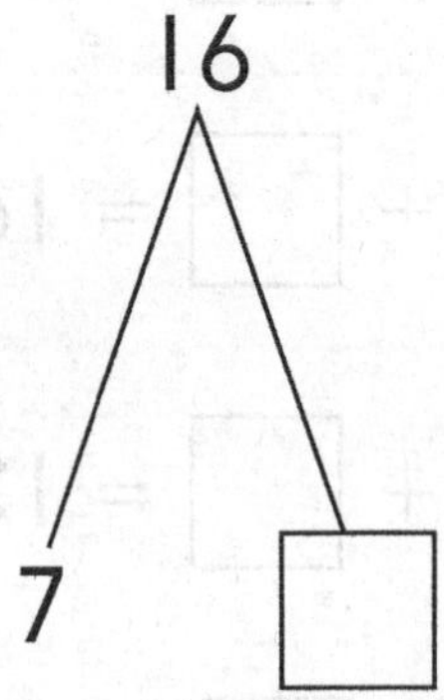

$7 + 9 = \square$ $7 + \square = 16$ $16 - 7 = \square$

Forma una decena para hallar el total.

4 $4 + 8 = \square$ $8 + 9 = \square$ $8 + 8 = \square$

5 **Amplía tu razonamiento** ¿Qué problema es más fácil de resolver usando una estrategia para formar una decena? Explica por qué.

$4 + 5 = \square$ $6 + 5 = \square$ $9 + 5 = \square$

____

____

Nombre ____________________

Escribe el sumando desconocido.

1 $6 + \square = 15$ $17 - 8 = \square$ $3 + \square = 11$

2 $9 + \square = 17$ $12 - 6 = \square$ $9 + \square = 12$

3 $5 + \square = 11$ $12 - 4 = \square$ $7 + \square = 12$

4 $8 + \square = 13$ $15 - 7 = \square$ $5 + \square = 14$

5 $7 + \square = 11$ $15 - 8 = \square$ $13 - 7 = \square$

6 $9 + \square = 14$ $13 - 5 = \square$ $11 - 6 = \square$

7 $5 + \square = 12$ $12 - 3 = \square$ $11 - 2 = \square$

8 $8 + \square = 13$ $15 - 9 = \square$ $13 - 6 = \square$

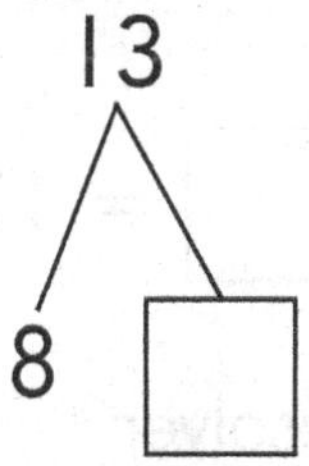

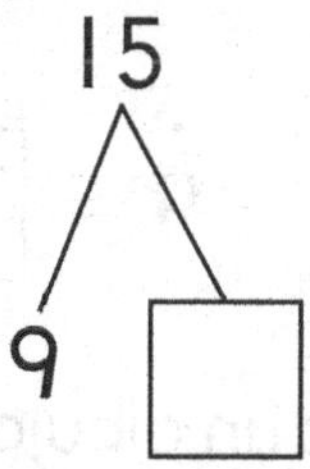

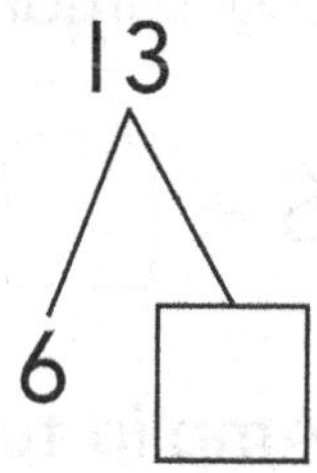

9 **Pensamiento crítico** Explica cómo el dibujo matemático puede ayudarte a resolver $8 + \square = 14$.

Ya es **8** $10 + 4 = 14$

____

____

Nombre ______________________

Suma.

1

$$\begin{array}{r}8\\+5\\\hline\end{array}\quad\begin{array}{r}6\\+5\\\hline\end{array}\quad\begin{array}{r}7\\+7\\\hline\end{array}\quad\begin{array}{r}7\\+8\\\hline\end{array}\quad\begin{array}{r}6\\+7\\\hline\end{array}\quad\begin{array}{r}8\\+9\\\hline\end{array}$$

Resta.

2

$$\begin{array}{r}16\\-8\\\hline\end{array}\quad\begin{array}{r}15\\-9\\\hline\end{array}\quad\begin{array}{r}18\\-9\\\hline\end{array}\quad\begin{array}{r}12\\-8\\\hline\end{array}\quad\begin{array}{r}11\\-7\\\hline\end{array}\quad\begin{array}{r}13\\-5\\\hline\end{array}$$

3 Completa las montañas matemáticas y las ecuaciones.

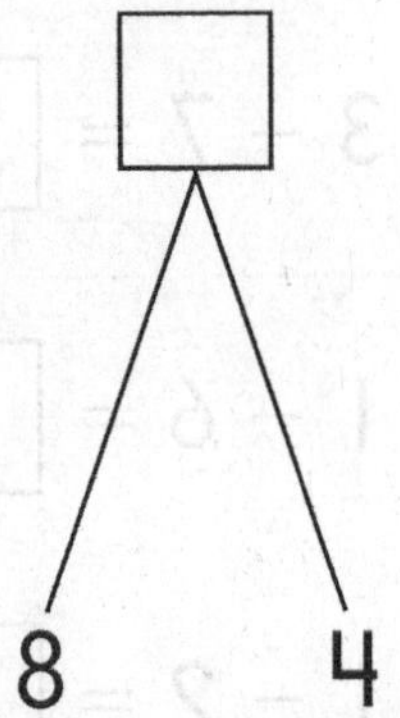

$8 + 4 = \square$

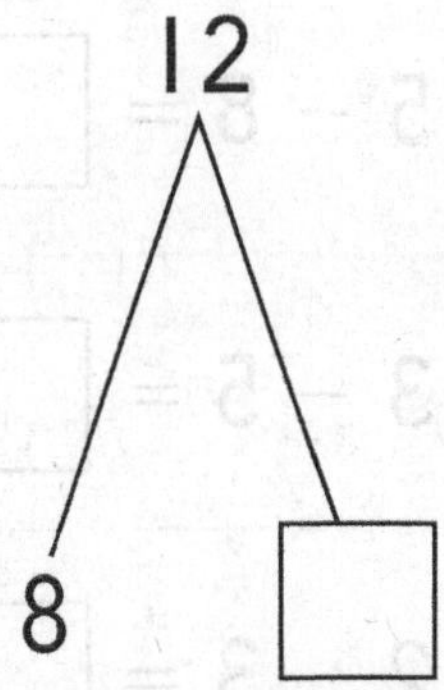

$8 + \square = 12$

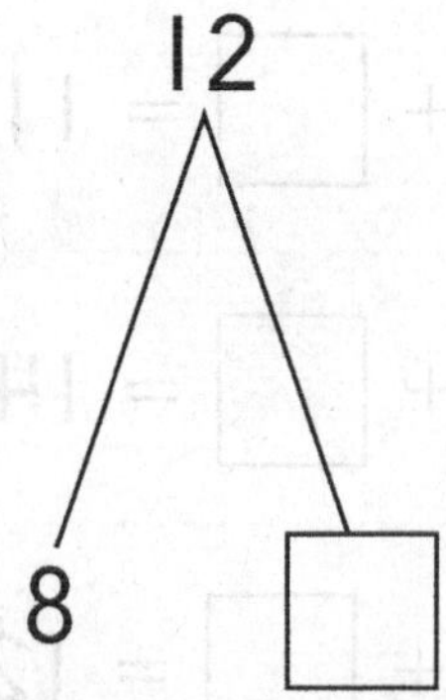

$12 - 8 = \square$

Halla el sumando desconocido.

4 $5 + \square = 11$ $\qquad 13 - 9 = \square$ $\qquad 5 + \square = 13$

5 **Amplía tu razonamiento** Haz un dibujo para ayudarte a resolver

$7 + \square = 12.$

1-6
Haz la tarea

Nombre ______________________

Traza líneas para formar pares. Escribe impar o par.

1  ________

2  ________

3  ________

4  ________

Completa la ecuación de suma de dobles.

5 □ + □ = 18

6 □ + □ = 6

7 □ + □ = 10

8 □ + □ = 4

9 □ + □ = 8

10 □ + □ = 14

11 □ + □ = 16

12 □ + □ = 12

Nombre ____________________

Suma.

1

7	6	9	7	6	3
+ 8	+ 5	+ 2	+ 5	+ 8	+ 8

Resta.

2

13	15	17	16	18	11
− 4	− 8	− 9	− 7	− 9	− 3

3 Dibuja una Montaña matemática y escribe una ecuación más.

$9 + 6 = \square$ $4 + 6 = \square$ $8 + 7 = \square$

____________ ____________ ____________

Forma una decena para hallar el total.

4 $5 + 8 = \square$ $8 + 4 = \square$ $5 + 6 = \square$

5 **Amplía tu razonamiento** Dibuja una Montaña matemática que solo tenga dos números diferentes. Explica por qué.

____

____

1-7
Haz la tarea

Nombre ____________________

Suma. Usa dobles.

1 7 + 5 = ☐	7 + 7 = ☐	8 + 9 = ☐
2 9 + 9 = ☐	9 + 11 = ☐	8 + 8 = ☐
3 8 + 7 = ☐	6 + 5 = ☐	7 + 8 = ☐
4 6 + 4 = ☐	7 + 9 = ☐	9 + 7 = ☐
5 7 + 6 = ☐	5 + 5 = ☐	6 + 8 = ☐
6 6 + 6 = ☐	6 + 7 = ☐	8 + 6 = ☐
7 8 + 10 = ☐	5 + 6 = ☐	9 + 10 = ☐
8 9 + 8 = ☐	10 + 9 = ☐	5 + 7 = ☐

Nombre ____________________

Suma.

1.
$$\begin{array}{r} 4 \\ +\ 5 \\ \hline \end{array} \quad \begin{array}{r} 8 \\ +\ 3 \\ \hline \end{array} \quad \begin{array}{r} 7 \\ +\ 8 \\ \hline \end{array} \quad \begin{array}{r} 9 \\ +\ 0 \\ \hline \end{array} \quad \begin{array}{r} 6 \\ +\ 9 \\ \hline \end{array} \quad \begin{array}{r} 8 \\ +\ 5 \\ \hline \end{array}$$

Resta.

2.
$$\begin{array}{r} 14 \\ -\ 6 \\ \hline \end{array} \quad \begin{array}{r} 11 \\ -\ 5 \\ \hline \end{array} \quad \begin{array}{r} 18 \\ -\ 9 \\ \hline \end{array} \quad \begin{array}{r} 10 \\ -\ 5 \\ \hline \end{array} \quad \begin{array}{r} 7 \\ -\ 5 \\ \hline \end{array} \quad \begin{array}{r} 15 \\ -\ 6 \\ \hline \end{array}$$

3. Completa las montañas matemáticas y las ecuaciones.

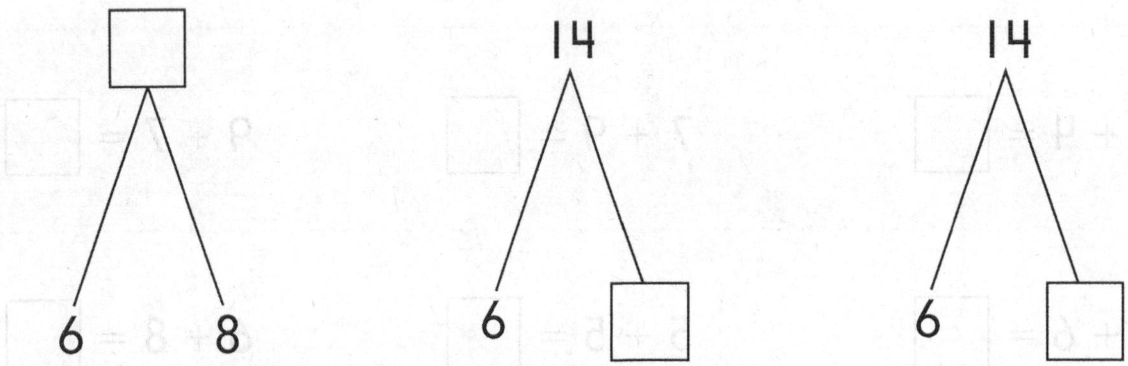

$6 + 8 = \square$ $\qquad$ $6 + \square = 14$ $\qquad$ $14 - 6 = \square$

Escribe el sumando desconocido.

4. $6 + \square = 12$ $\qquad$ $15 - 7 = \square$ $\qquad$ $7 + \square = 16$

5. **Amplía tu razonamiento** Tienes una pila de monedas de 1¢. Sin contar las monedas de 1¢, ¿cómo sabes que hay un número impar o par de ellas?

____

____

____

Nombre ____________________

$9 + 4 = \boxed{13}$

$$\begin{array}{r} 9 \\ +\,4 \\ \hline 13 \end{array}$$

Hallo el total.

$13 - 9 = \boxed{4}$

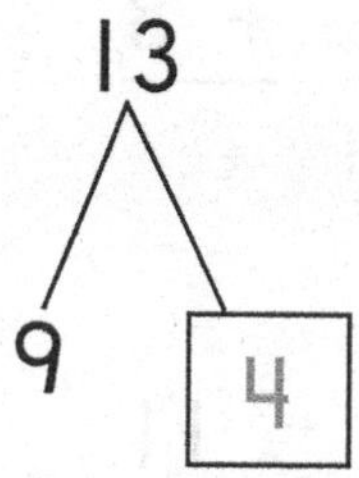

$$\begin{array}{r} 13 \\ -\,9 \\ \hline 4 \end{array}$$

Hallo un sumando.

Halla el total o el sumando.

1 $\begin{array}{r} 5 \\ +\,6 \\ \hline \end{array}$ $\begin{array}{r} 9 \\ +\,8 \\ \hline \end{array}$ $\begin{array}{r} 8 \\ +\,3 \\ \hline \end{array}$ $\begin{array}{r} 9 \\ +\,4 \\ \hline \end{array}$ $\begin{array}{r} 6 \\ +\,6 \\ \hline \end{array}$ $\begin{array}{r} 8 \\ +\,6 \\ \hline \end{array}$

2 $\begin{array}{r} 11 \\ -\,9 \\ \hline \end{array}$ $\begin{array}{r} 14 \\ -\,6 \\ \hline \end{array}$ $\begin{array}{r} 11 \\ -\,4 \\ \hline \end{array}$ $\begin{array}{r} 13 \\ -\,5 \\ \hline \end{array}$ $\begin{array}{r} 12 \\ -\,3 \\ \hline \end{array}$ $\begin{array}{r} 16 \\ -\,9 \\ \hline \end{array}$

3 $\begin{array}{r} 16 \\ -\,8 \\ \hline \end{array}$ $\begin{array}{r} 15 \\ -\,7 \\ \hline \end{array}$ $\begin{array}{r} 12 \\ -\,5 \\ \hline \end{array}$ $\begin{array}{r} 11 \\ -\,2 \\ \hline \end{array}$ $\begin{array}{r} 17 \\ -\,9 \\ \hline \end{array}$ $\begin{array}{r} 14 \\ -\,7 \\ \hline \end{array}$

4 Dibuja una montaña matemática para resolver.

$16 - 7 = \square$

Nombre ____________________

Suma.

1

4	8	9	7	8	5
+ 9	+ 8	+ 8	+ 2	+ 9	+ 9

Resta.

2

15	11	16	9	14	8
− 8	− 3	− 7	− 6	− 8	− 8

3 Dibuja una montaña matemática y escribe una ecuación más.

$5 + 6 = \square$ ____________________

$9 + 7 = \square$ ____________________

$8 + 4 = \square$ ____________________

Completa la ecuación de suma de dobles.

4 $\square + \square = 18$

5 $\square + \square = 12$

6 **Amplía tu razonamiento** Imagina que no recuerdas la respuesta a $15 - 8 = \square$. ¿Qué podrías hacer para resolverlo?

____

____

Nombre ______________________

Suma en cualquier orden. Escribe el total.

1. 9 + 1 + 4 = ☐
2. 6 + 9 + 1 = ☐
3. 8 + 9 + 1 = ☐
4. 7 + 8 + 2 = ☐
5. 7 + 5 + 3 = ☐
6. 8 + 8 + 2 = ☐
7. 1 + 4 + 8 = ☐
8. 5 + 6 + 7 = ☐
9. 4 + 3 + 8 = ☐
10. 2 + 7 + 6 = ☐
11. 9 + 9 + 2 = ☐
12. 6 + 3 + 7 = ☐
13. 4 + 3 + 2 + 4 = ☐
14. 6 + 4 + 5 + 5 = ☐
15. 8 + 3 + 1 + 7 = ☐
16. 1 + 7 + 2 + 4 = ☐
17. 3 + 7 + 9 + 3 = ☐
18. 7 + 6 + 3 + 4 = ☐
19. 8 + 3 + 9 + 3 = ☐
20. 1 + 8 + 9 + 4 = ☐

1-9
Recuerda

Nombre ____________________

Suma.

❶ $7 + 9 =$ ___ $8 + 5 =$ ___ $9 + 6 =$ ___ $4 + 2 =$ ___ $3 + 9 =$ ___ $5 + 1 =$ ___

Resta.

❷ $17 - 8 =$ ___ $12 - 5 =$ ___ $13 - 7 =$ ___ $5 - 5 =$ ___ $11 - 2 =$ ___ $18 - 9 =$ ___

Forma una decena para hallar el total.

❸ $9 + 6 =$ ☐ $8 + 8 =$ ☐ $8 + 3 =$ ☐

❹ $5 + 7 =$ ☐ $6 + 8 =$ ☐ $4 + 9 =$ ☐

Halla el total.

❺ $4 + 8 =$ ___ $8 + 7 =$ ___ $9 + 5 =$ ___ $5 + 6 =$ ___ $4 + 4 =$ ___ $6 + 9 =$ ___

❻ $16 - 9 =$ ___ $11 - 5 =$ ___ $14 - 7 =$ ___ $15 - 9 =$ ___ $11 - 4 =$ ___ $13 - 9 =$ ___

❼ **Amplía tu razonamiento** Explica una manera en la que podrías sumar $3 + 4 + 7 + 6$.

____

____

Nombre ______________________

Haz un dibujo. Escribe una ecuación.
Resuelve el problema.

1 Brad tiene 14 barquitos de juguete.
5 se van flotando. ¿Cuántos tiene ahora?

barquito

☐ ______________________
rótulo

2 Moses reúne 17 rocas. Regala
algunas. Ahora tiene 9 rocas.
¿Cuántos regala?

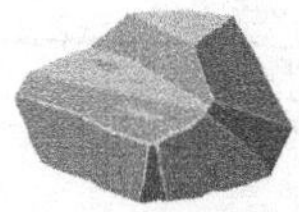
roca

☐ ______________________
rótulo

3 Claire tiene 9 marcadores en su mochila.
Algunos se caen camino a casa. Ahora solo
tiene 5 marcadores. ¿Cuántos marcadores
se caen de la mochila?

mochila

☐ ______________________
rótulo

4 Una abeja visita 7 flores en el jardín.
Luego visita 5 más. ¿Cuántos flores visita
la abeja en total?

abeja

☐ ______________________
rótulo

Nombre ____________________

❶ Escribe dos ecuaciones para cada montaña matemática.

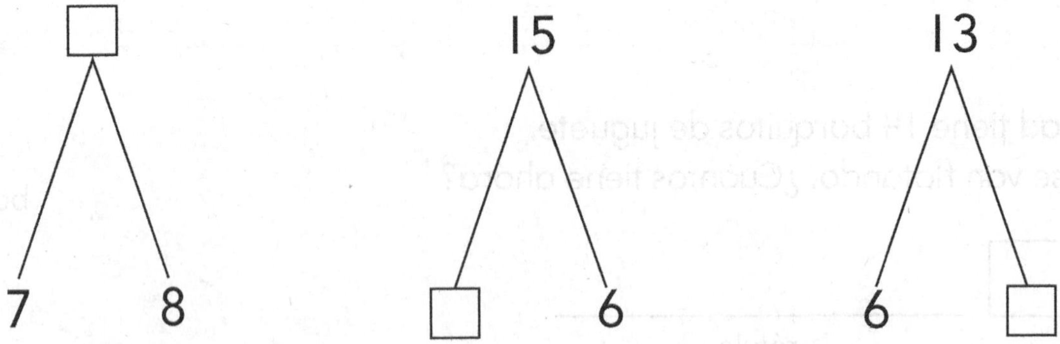

______________ ______________ ______________

______________ ______________ ______________

Escribe el sumando desconocido.

❷ $5 + \square = 11$ $13 - 8 = \square$ $15 - 6 = \square$

Suma en cualquier orden. Escribe el total.

❸ $5 + 3 + 5 = \square$ $7 + 8 + 3 = \square$ $2 + 9 + 7 = \square$

❹ $8 + 2 + 3 + 4 = \square$ $2 + 6 + 6 + 8 = \square$

❺ **Amplía tu razonamiento** Escribe un problema verbal que corresponda con este dibujo.

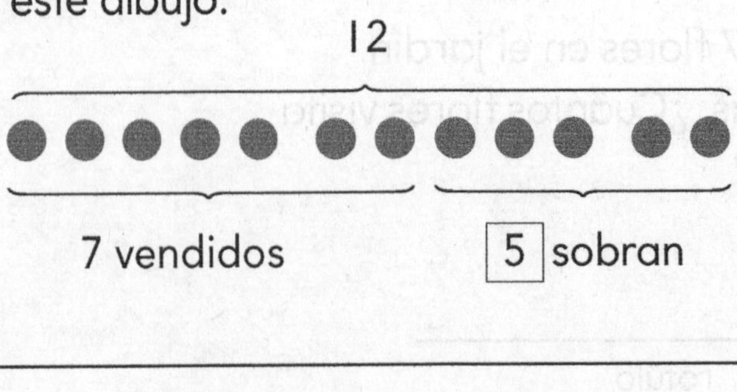

____

____

1-11
Haz la tarea

Nombre ______________________

Haz un dibujo. Escribe una ecuación.
Resuelve el problema.

1 En la mañana, Nick hace 8 animales de arcilla. En la tarde, hace más animales de arcilla. En total, hace 15 animales de arcilla. ¿Cuántos hizo en la tarde?

animal de arcilla

☐ ______________________
rótulo

2 Carrie ve aves en un árbol. 8 se van volando. 5 se quedan. ¿Cuántas aves había en el árbol al principio?

ave

☐ ______________________
rótulo

3 León y sus amigos hicieron 12 muñecos de nieve. Al día siguiente, León ve que algunos se derritieron. Solo quedan 9 muñecos de nieve. ¿Cuántos se derritieron?

muñecos de nieve

☐ ______________________
rótulo

4 3 lagartijas están posadas en una roca al sol. Luego llegan 9 más y se posan en la roca. ¿Cuántas lagartijas hay en la roca ahora?

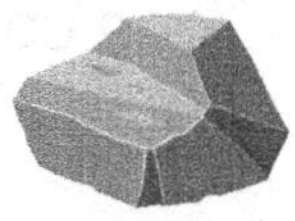
roca

☐ ______________________
rótulo

1-11
Recuerda

Nombre ______________________

Suma. Usa dobles.

❶ 8 + 6 = ☐   7 + 8 = ☐   5 + 6 = ☐

❷ 7 + 6 = ☐   11 + 9 = ☐   8 + 9 = ☐

❸ Completa las montañas matemáticas y las ecuaciones.

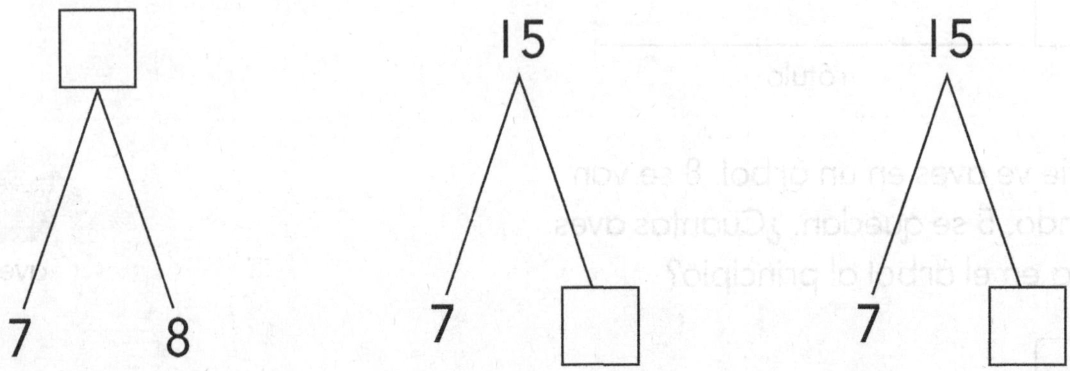

7 + 8 = ☐   7 + ☐ = 15   15 − 7 = ☐

Forma una decena para hallar el total.

❹ 5 + 9 = ☐   5 + 8 = ☐   3 + 9 = ☐

❺ 8 + 6 = ☐   4 + 7 = ☐   9 + 7 = ☐

❻ **Amplía tu razonamiento** Escribe un problema que corresponda con este dibujo.

____

____

1-12
Haz la tarea

Nombre ____________________

Haz un dibujo. Escribe una ecuación.
Resuelve el problema.

1 Hay cerditos en la granja del Sr. Smith. 8 de ellos comen maíz. Los otros 7 beben agua. ¿Cuántos cerditos hay en la granja del Sr. Smith?

cerdito

☐ ____________________
rótulo

2 Wendy compra 3 globos azules y algunos globos rojos para una fiesta. Compra 11 globos. ¿Cuántos globos rojos compra?

globo

☐ ____________________
rótulo

3 Hay 14 niños en el parque. 7 están en los columpios. El resto salta la cuerda. ¿Cuántos saltan la cuerda?

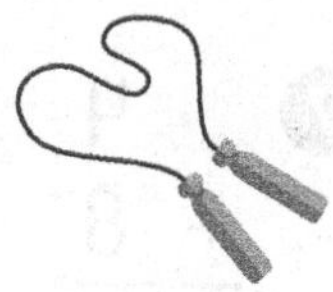

cuerda de saltar

☐ ____________________
rótulo

4 Sean compra 9 tomates rojos y 6 tomates verdes. ¿Cuántos tomates compra?

tomate

☐ ____________________
rótulo

1-12
Recuerda

Nombre ______________________________

Traza líneas para formar parejas. Escribe impar o par.

❶ ● ● ● ●
● ● ● ● ●

____

❷ ● ● ● ● ● ● ● ●
● ● ● ● ● ● ● ●

____

❸ ● ● ● ● ● ● ●
● ● ● ● ● ● ● ●

____

❹ ● ● ● ● ● ●
● ● ● ● ● ●

____

Suma. Usa dobles.

❺ $7 + 8 = \square$ $9 + 8 = \square$ $5 + 4 = \square$

❻ $8 + 6 = \square$ $5 + 3 = \square$ $6 + 7 = \square$

Halla el total.

❼ $4 + 8$ $5 + 8$ $9 + 9$ $7 + 6$ $3 + 9$ $2 + 9$

❽ $16 - 8$ $12 - 3$ $15 - 7$ $14 - 5$ $12 - 7$ $8 - 2$

❾ **Amplía tu razonamiento** Escribe un problema que tenga dobles, luego resuélvelo.

____

____

Nombre ______________________

Haz un dibujo. Escribe una ecuación. Resuelve el problema.

1 En un autobús hay 6 niñas y 7 niños.
¿Cuántos niños en total hay en el autobús?

autobús

☐ ______________________
rótulo

2 Pang compra naranjas. Bill compra 6 peras. Pang y Bill compran 13 frutas.
¿Cuántos naranjas compra Pang?

naranja

☐ ______________________
rótulo

3 Davant tiene 16 pájaros. Tiene 7 loros.
El resto son canarios. ¿Cuántos canarios tiene Davant?

canario

☐ ______________________
rótulo

4 Completa el diagrama sumando al menos dos cosas en el círculo.
Escribe el nombre del grupo.

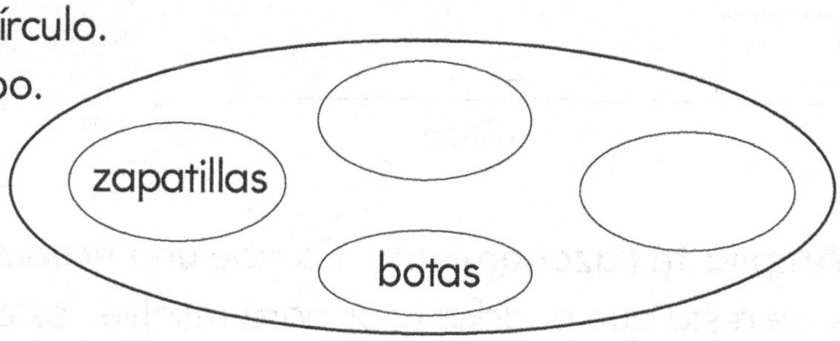

____
Nombre del grupo

Nombre ____________________

Forma una decena para hallar el total.

1 $9 + 5 = \square$ $4 + 9 = \square$ $8 + 5 = \square$

2 $8 + 6 = \square$ $7 + 7 = \square$ $4 + 8 = \square$

Halla el sumando desconocido.

3 $7 + \square = 13$ $17 - 8 = \square$ $9 - 7 = \square$

Haz un dibujo. Escribe una ecuación. Resuelve el problema.

4 Jim tiene una caja de crayones. Saca 8 crayones. Quedan 7. ¿Cuántos crayones había en la caja al comienzo?

$\square$ ____________________
rótulo

5 Tanya tiene 9 tulipanes en un florero. Coloca 5 tulipanes más al florero. ¿Cuántos tulipanes hay en el florero ahora?

$\square$ ____________________
rótulo

6 **Amplía tu razonamiento** Escribe una ecuación de suma y de resta que podrías usar para resolver este problema: Jill tiene 6 bolígrafos. Ian tiene algunos bolígrafos. Juntos tienen 14 bolígrafos. ¿Cuántos bolígrafos tiene Ian?

____________________ ____________________

Nombre ______________________________

Haz un dibujo para emparejar o dibuja barras de comparación. Resuelve el problema.

1 Peter tiene 13 huevos. Joe tiene 4 huevos menos que Peter. ¿Cuántos huevos tiene Joe?

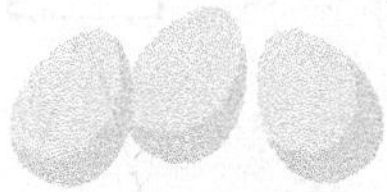

huevos

☐ ____________________
rótulo

2 Quiero dar a cada uno de mis 14 amigos una manzana. Tengo 8 manzanas en mi canasta. ¿Cuántos manzanas más debo cosechar para dar a cada amigo una manzana?

canasta

☐ ____________________
rótulo

3 Lë tiene 5 limones. Tina tiene 7 limones más que Lë. ¿Cuántos limones tiene Tina?

limón

☐ ____________________
rótulo

Escribe por tu cuenta Completa este problema. Dibuja barras de comparación y resuélvelo.

4 Tengo 12 ____________________.

Mi amigo tiene ____________________

menos que yo. ¿Cuántos o cuántas ____________________

tiene mi amigo?

☐ ____________________
rótulo

1-14
Recuerda

Nombre ____________________

1 Completa las montañas matemáticas y las ecuaciones.

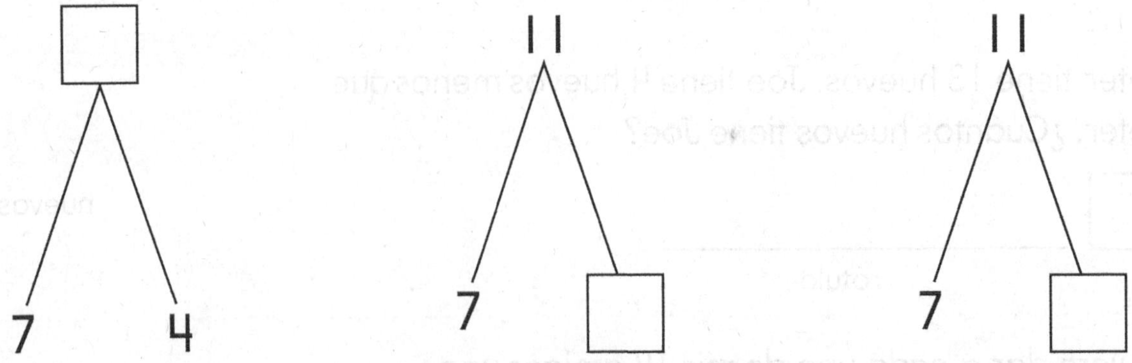

$7 + 4 = \square$ $\quad$ $7 + \square = 11$ $\quad$ $11 - 7 = \square$

Halla el sumando desconocido.

2 $7 + \square = 15$ $\quad$ $13 - \square = 5$ $\quad$ $9 + \square = 15$

3 $3 + \square = 9$ $\quad$ $13 - \square = 6$ $\quad$ $8 + \square = 11$

Haz un dibujo. Escribe una ecuación.
Resuelve el problema.

4 En una mesa hay 16 vasos. 7 son grandes. El resto son pequeños. ¿Cuántos vasos son pequeños?

$\square$ ____________________
rótulo

5 **Amplía tu razonamiento** Escribe un problema que se corresponda con este dibujo de una barra de comparación, luego resuélvelo.

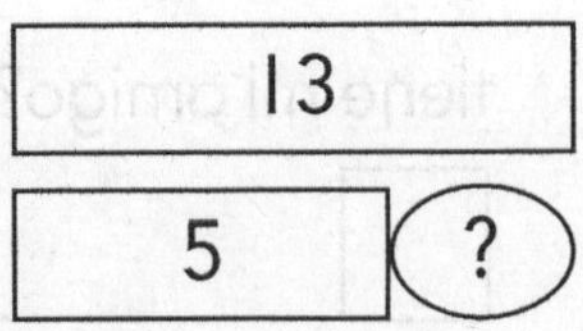

____

____

Nombre ______________________________

Haz un dibujo. Escribe una ecuación.
Resuelve el problema.

1. Parker y Natu van a la tienda a comprar gafas de sol. Parker paga $9 por sus gafas. Natu paga $6 más que Parker. ¿Cuánto más paga Natu por sus gafas de sol?

gafas de sol

☐ ______________________
rótulo

2. Una pelotita cuesta 8 centavos. Un anillo cuesta 8 centavos más que la pelotita. ¿Cuántos centavos cuesta un anillo?

anillo

☐ ______________________
rótulo

3. Si Jared regala 4 fresas, tendrá tantas fresas como Phil. Jared tiene 11 fresas. ¿Cuántas fresas tiene Phil?

fresas

☐ ______________________
rótulo

4. Andrew tiene 11 pelotas de fútbol. William tiene 3 pelotas de fútbol. ¿Cuántas pelotas de fútbol menos tiene William que Andrew?

pelota de fútbol

☐ ______________________
rótulo

Nombre ____________________

Suma.

1 $\begin{array}{r} 5 \\ +\ 6 \\ \hline \end{array}$ $\quad$ $\begin{array}{r} 9 \\ +\ 3 \\ \hline \end{array}$ $\quad$ $\begin{array}{r} 8 \\ +\ 3 \\ \hline \end{array}$ $\quad$ $\begin{array}{r} 2 \\ +\ 9 \\ \hline \end{array}$ $\quad$ $\begin{array}{r} 6 \\ +\ 6 \\ \hline \end{array}$ $\quad$ $\begin{array}{r} 8 \\ +\ 6 \\ \hline \end{array}$

Haz un dibujo. Escribe una ecuación.
Resuelve el problema.

2 Jamie tiene algunas uvas en su plato. Tom tiene 9 uvas. Juntos, Jamie y Tom tienen 14 uvas. ¿Cuántos uvas tiene Jamie?

☐ ____________________
rótulo

3 Completa el diagrama sumando al menos dos cosas en el círculo. Escribe el nombre del grupo.

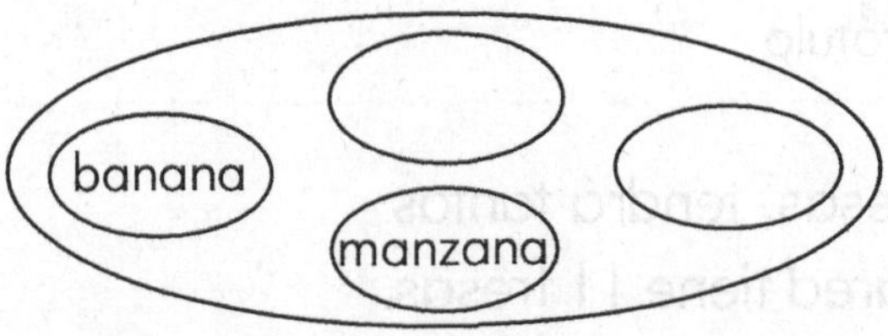

____
Nombre del grupo

4 **Amplía tu razonamiento** Escribe un problema que tenga la barra de comparación superior con un signo de interrogación. Luego resuélvelo usando un dibujo de barra de comparación.

____

____

____

____

1-16
Haz la tarea

Nombre ______________________________

Haz un dibujo. Escribe una ecuación.
Resuelve el problema.

Muestra tu trabajo.

1. Susan recorre 14 cuadras en bicicleta. Awan recorre 8 cuadras en bicicleta. ¿Cuántas cuadras menos recorre Awan que Susan?

bicicleta

☐ ______________________
rótulo

2. Eden tiene 7 moras. Su papá le da 9 más. ¿Cuántas moras tiene Eden ahora?

moras

☐ ______________________
rótulo

3. Había 9 niños en el autobús. En la primera parada, se bajan algunos niños. Todavía hay 7 niños en el autobús. ¿Cuántos niños se bajaron en la primera parada?

parada de autobús

☐ ______________________
rótulo

4. El payaso tiene 12 globos rojos. Tiene 4 globos azules. ¿Cuántos globos rojos más que azules tiene?

globos

☐ ______________________
rótulo

Nombre ____________________

1 Dibuja una montaña matemática y escribe una ecuación más.

$8 + 9 = \square$ $\qquad$ $6 + 7 = \square$ $\qquad$ $5 + 8 = \square$

______________ $\qquad$ ______________ $\qquad$ ______________

Completa la ecuación de suma de dobles.

2 $\square + \square = 12$ $\qquad$ $\square + \square = 18$

Halla el total.

3

$$\begin{array}{r} 3 \\ +\ 7 \\ \hline \end{array} \qquad \begin{array}{r} 6 \\ +\ 8 \\ \hline \end{array} \qquad \begin{array}{r} 8 \\ +\ 9 \\ \hline \end{array} \qquad \begin{array}{r} 7 \\ +\ 7 \\ \hline \end{array} \qquad \begin{array}{r} 1 \\ +\ 9 \\ \hline \end{array} \qquad \begin{array}{r} 4 \\ +\ 9 \\ \hline \end{array}$$

4

$$\begin{array}{r} 16 \\ -\ 9 \\ \hline \end{array} \qquad \begin{array}{r} 14 \\ -\ 5 \\ \hline \end{array} \qquad \begin{array}{r} 13 \\ -\ 7 \\ \hline \end{array} \qquad \begin{array}{r} 16 \\ -\ 8 \\ \hline \end{array} \qquad \begin{array}{r} 12 \\ -\ 4 \\ \hline \end{array} \qquad \begin{array}{r} 9 \\ -\ 5 \\ \hline \end{array}$$

5 **Amplía tu razonamiento** Escribe un problema que podrías resolver usando una montaña matemática. Luego resuélvelo.

____

____

1-17
Haz la tarea

Nombre ________________________________

Tacha la información adicional o escribe información oculta o que falta. Luego resuelve el problema.

Muestra tu trabajo.

1. Joel tiene 9 tarjetas de dinosaurios y 8 tarjetas de aves. Su amiga Peja tiene 6 tarjetas de dinosaurios. ¿Cuántas tarjetas de dinosaurios tienen los dos amigos en total?

dinosaurio

____

[ ] ______________________
rótulo

2. Tengo un anillo en cada dedo de ambas manos. Quiero comprar 4 anillos más. ¿Cuántos anillos más tendré?

manos

____

[ ] ______________________
rótulo

3. Erica tenía 6 monedas en su colección de monedas. Va a una exhibición de monedas y compra algunas monedas más. ¿Cuántas monedas tiene ahora?

moneda

____

[ ] ______________________
rótulo

1-17
Recuerda

Nombre ______________________

Suma en cualquier orden. Escribe el total.

1. $7 + 3 + 5 = \square$ $8 + 4 + 8 = \square$

2. $4 + 2 + 8 = \square$ $1 + 6 + 9 = \square$

3. $6 + 2 + 4 + 4 = \square$ $2 + 6 + 4 + 8 = \square$

Haz un dibujo. Escribe una ecuación.
Resuelve el problema.

4. Ryan tiene 8 adhesivos. Su amigo le da 7 más. ¿Cuántos adhesivos tiene Ryan ahora?

☐ ______________________
rótulo

5. El estante superior exhibe 12 imágenes. El estante inferior exhibe 7 imágenes. ¿Cuántas imágenes menos hay en el estante inferior que en el estante superior?

☐ ______________________
rótulo

6. **Amplía tu razonamiento** ¿Por qué podría ser difícil resolver un problema con información adicional?

____

____

1-18
Haz la tarea

Nombre ______________________________

Dibuja barras de comparación. Escribe una ecuación.
Resuelve el problema.

Muestra tu trabajo.

1 Morgan ve 15 aves en una excursión de avistamiento de aves. Ve 6 aves más que Shari. ¿Cuántas aves ve Shari?

ave

☐ ______________________
rótulo

2 Hay 5 camiones menos que carros en el estacionamiento. Si hay 8 camiones, ¿cuántos carros hay?

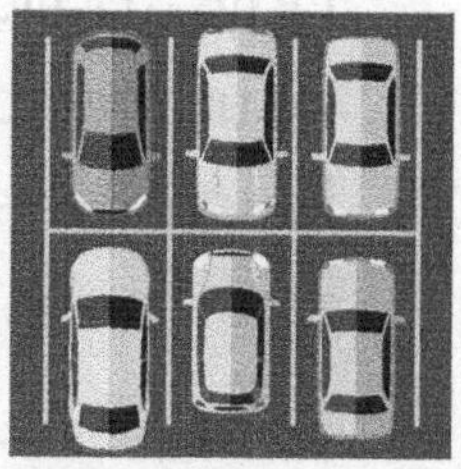

estacionamiento

☐ ______________________
rótulo

3 Anh hace 12 edredones. Krista hace 7 edredones menos que Anh. ¿Cuántos edredones hace Krista?

edredón

☐ ______________________
rótulo

4 Hay 8 tigres menos que leones en el zoológico. Hay 8 tigres en el zoológico. ¿Cuántos leones hay en el zoológico?

león

☐ ______________________
rótulo

1-18 Recuerda

Nombre ____________________

Halla el sumando desconocido.

1 $3 + \square = 12$ $14 - \square = 8$ $15 - 6 = \square$

2 $4 + \square = 13$ $15 - \square = 7$ $14 - 7 = \square$

Resuelve los problemas. **Muestra tu trabajo.**

3 Hay 13 bailarines en la fila delantera.
Hay 7 bailarines en la fila trasera.
¿Cuántos bailarines menos hay en la fila trasera que en la fila delantera?

☐ ____________________
rótulo

4 Hay 8 pájaros en la jaula roja. En la jaula azul hay 4 pájaros más que en la jaula roja.
¿Cuántos pájaros hay en la jaula azul?

☐ ____________________
rótulo

5 **Amplía tu razonamiento** ¿Cuándo usarías un dibujo o barras de comparación para resolver un problema?

____

____

____

1-19
Haz la tarea

Nombre ______________________________

Piensa en la pregunta del primer paso. Luego resuelve el problema.

Muestra tu trabajo.

1. Bessie cuenta 5 peces, 3 tortugas y algunas ranas. Cuenta 14 animales en total. ¿Cuántas ranas cuenta Bessie?

tortuga

☐ ______________________
rótulo

2. Amy tiene 6 plumas azules más que plumas blancas. Tiene 2 plumas verdes más que plumas azules. Amy tiene 4 plumas blancas. ¿Cuántas plumas verdes tiene Amy?

plumas

☐ ______________________
rótulo

3. El Sr. Green coloca 5 tulipanes y algunas rosas en un florero. Hay 14 flores en el florero. Luego, la Sra. Green coloca 2 rosas más al florero. ¿Cuántas rosas hay en el florero ahora?

florero

☐ ______________________
rótulo

1-19
Recuerda

Nombre ____________________

Resta.

1

17	14	16	15	11	14
− 9	− 6	− 7	− 8	− 6	− 8

Suma. Usa dobles.

2 4 + 3 = ☐ 7 + 8 = ☐ 6 + 4 = ☐

3 7 + 6 = ☐ 5 + 7 = ☐ 8 + 9 = ☐

Haz un dibujo. Escribe una ecuación. Resuelve el problema.

4 Tom tiene 12 monedas. 9 son monedas de 25¢. El resto son monedas de 1¢. ¿Cuántas monedas de 1¢ tiene Tom?

☐ ____________________
rótulo

5 Erica tiene 15 adhesivos. Sharon tiene 9 adhesivos. ¿Cuántos adhesivos. menos tiene Sharon que Erica?

☐ ____________________
rótulo

6 **Amplía tu razonamiento** ¿Se resuelven todos los problemas de dos pasos de la misma manera? Explica.

____

____

Nombre ______________________________

Haz un dibujo. Escribe una ecuación.
Resuelve el problema.

Muestra tu trabajo.

1 Malia tiene 8 hámsters. Eso es 6 menos de los que tiene Sasha. ¿Cuántos hámsters tiene Sasha?

hámster

☐ ______________________
rótulo

2 Ariel lleva sándwiches a un pícnic. Da 6 sándwiches a sus amigos. Ahora le quedan 6 sándwiches. ¿Cuántos sándwiches llevó Ariel al pícnic?

sándwich

☐ ______________________
rótulo

3 15 niños juegan a las canicas. 9 son niños y el resto son niñas. Luego 5 niñas más se unen a ellos. ¿Cuántas niñas juegan a las canicas ahora?

canicas

☐ ______________________
rótulo

4 Mike y 3 amigos van al teatro. Hay otros 9 niños en el teatro. ¿Cuántos niños hay en el teatro en total?

teatro

☐ ______________________
rótulo

I-20
Recuerda

Nombre ______________________________

Forma una decena para hallar el total.

1 $8 + 7 = \square$ $2 + 9 = \square$ $7 + 5 = \square$

2 $7 + 4 = \square$ $3 + 8 = \square$ $8 + 4 = \square$

Suma en cualquier orden. Escribe el total.

3 $5 + 3 + 7 = \square$ $9 + 8 + 1 = \square$

4 $5 + 4 + 5 + 2 = \square$ $8 + 2 + 9 + 4 = \square$

Halla el total.

5 $\begin{array}{r} 5 \\ +\ 7 \\ \hline \end{array}$ $\begin{array}{r} 6 \\ +\ 9 \\ \hline \end{array}$ $\begin{array}{r} 7 \\ +\ 9 \\ \hline \end{array}$ $\begin{array}{r} 6 \\ +\ 6 \\ \hline \end{array}$ $\begin{array}{r} 8 \\ +\ 4 \\ \hline \end{array}$ $\begin{array}{r} 2 \\ +\ 9 \\ \hline \end{array}$

6 $\begin{array}{r} 11 \\ -\ 4 \\ \hline \end{array}$ $\begin{array}{r} 17 \\ -\ 9 \\ \hline \end{array}$ $\begin{array}{r} 14 \\ -\ 8 \\ \hline \end{array}$ $\begin{array}{r} 15 \\ -\ 8 \\ \hline \end{array}$ $\begin{array}{r} 12 \\ -\ 3 \\ \hline \end{array}$ $\begin{array}{r} 16 \\ -\ 9 \\ \hline \end{array}$

7 **Amplía tu razonamiento** Escribe un problema que se pueda resolver con la suma o la resta. Luego resuélvelo.

____

____

____

____

I-21
Haz la tarea

Nombre ______________________________

La Sra. Wise y sus tres hijos fueron al huerto de manzanas. La tabla muestra el número de manzanas que cada uno cosechó.

Manzanas cosechadas

Nombre	Número
Sra. Wise	6
Michelle	4
George	3
Ben	4

Usa la tabla para resolver cada problema. **Muestra tu trabajo.**

1. ¿Cuál fue el número total de manzanas que cosecharon?

   ☐ ______________________
   rótulo

2. Dos niños cosecharon el mismo número de manzanas. ¿Quiénes fueron los niños?

   ____

   ¿Cuántas manzanas cosecharon esos dos niños en total?

   ☐ ______________________
   rótulo

3. Usa la información de la tabla para escribir tu propio problema. Resuelve el problema.

   ____

   ____

   ☐ ______________________
   rótulo

Nombre ______________________

❶ Escribe dos ecuaciones para cada montaña matemática.

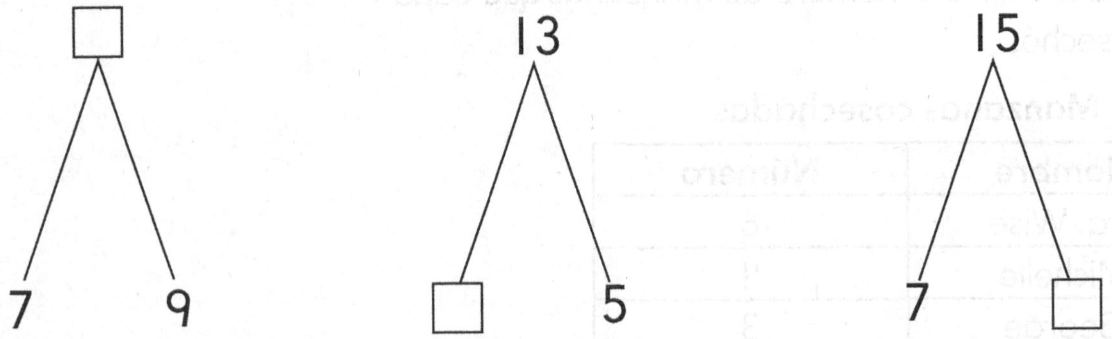

______________ ______________ ______________

______________ ______________ ______________

Escribe el sumando desconocido.

❷ 6 + ☐ = 11   18 − 9 = ☐   5 + ☐ = 13

Resuelve el problema. **Muestra tu trabajo.**

❸ Don tiene 5 lápices más que crayones.
Tiene 3 marcadores más que lápices.
Don tiene 7 crayones. ¿Cuántos
marcadores tiene Don?

☐ ______________
rótulo

❹ **Amplía tu razonamiento** Quince niños votaron por su color favorito. Los votos para el rojo y el azul juntos duplicaron los votos para el verde y el amarillo juntos. ¿Cómo votaron los niños?

Votos de color favorito

Color	Votos
Rojo	
Azul	
Verde	
Amarillo	

____

2-1
Haz la tarea

Nombre ______________________________

1 Escribe los números hacia abajo para ver las decenas.

1	11			41			71		
2									92
3						63			
				44			74		
		25							95
					56				
			37						
	18							88	
						69			
10	20			50					100

2 ¿Qué número viene después del 100? ______________

3 ¿Qué número viene después? ______________

Nombre ______________________________

1 Completa las montañas matemáticas y las ecuaciones.

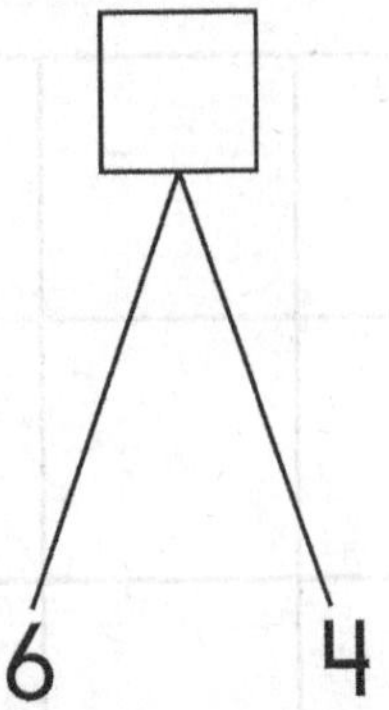

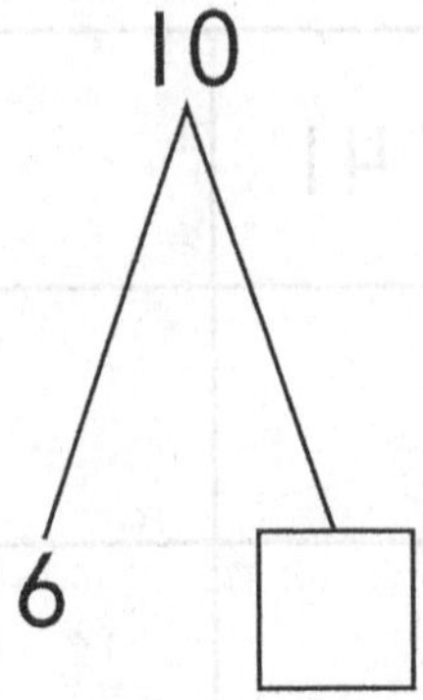

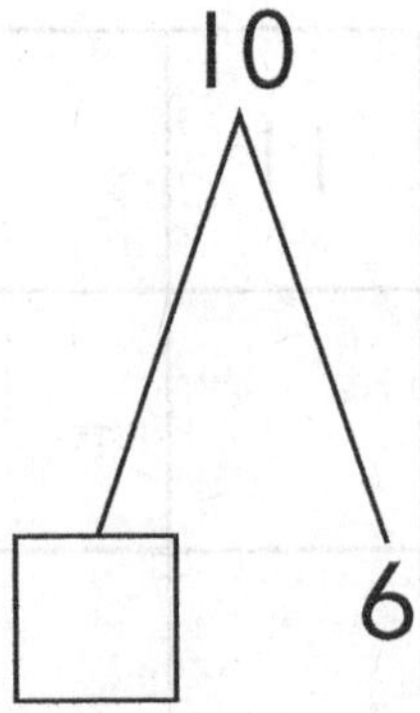

$6 + 4 = \square$ $\qquad$ $6 + \square = 10$ $\qquad$ $10 - 6 = \square$

Forma una decena para hallar el total.

2 $5 + 7 = \square$ $\qquad$ $8 + 5 = \square$ $\qquad$ $4 + 9 = \square$

3 $2 + 9 = \square$ $\qquad$ $3 + 8 = \square$ $\qquad$ $6 + 8 = \square$

4 $7 + 9 = \square$ $\qquad$ $5 + 6 = \square$ $\qquad$ $4 + 8 = \square$

5 $9 + 9 = \square$ $\qquad$ $7 + 6 = \square$ $\qquad$ $6 + 6 = \square$

6 **Amplía tu razonamiento** Suma 2 decenas a 100.
¿Cuál es el número? Explica tu razonamiento.

____

2-2
Haz la tarea

Nombre ______________________

Suma.

1. 50 + 40 = ____ 80 + 10 = ____ 60 + 20 = ____

   5 + 4 = ____ 8 + 1 = ____ 6 + 2 = ____

2. 10 + 70 = ____ 30 + 70 = ____ 40 + 30 = ____

   1 + 7 = ____ 3 + 7 = ____ 4 + 3 = ____

3. 30 + 60 = ____ 20 + 80 = ____ 50 + 40 = ____

   3 + 6 = ____ 2 + 8 = ____ 5 + 4 = ____

4. 50 + 30 = ____ 70 + 20 = ____ 40 + 60 = ____

   5 + 3 = ____ 7 + 2 = ____ 4 + 6 = ____

5. 90 + 10 = ____ 50 + 20 = ____ 20 + 30 = ____

   9 + 1 = ____ 5 + 2 = ____ 2 + 3 = ____

6. 30 + 10 = ____ 50 + 30 = ____ 40 + 20 = ____

   3 + 1 = ____ 5 + 3 = ____ 4 + 2 = ____

Nombre ______________________

Forma una decena para hallar el total.

1. $8 + 4 = \square$ $5 + 9 = \square$ $6 + 8 = \square$

2. $5 + 9 = \square$ $6 + 7 = \square$ $3 + 8 = \square$

3. $2 + 9 = \square$ $7 + 5 = \square$ $6 + 9 = \square$

4. $9 + 9 = \square$ $4 + 8 = \square$ $8 + 8 = \square$

Halla el sumando desconocido.

5. $3 + \square = 12$ $8 + \square = 13$ $15 - 7 = \square$

6. $6 + \square = 12$ $4 + \square = 13$ $18 - 9 = \square$

7. $7 + \square = 14$ $9 + \square = 17$ $16 - 9 = \square$

8. **Amplía tu razonamiento** Dibuja centenas rápidas, decenas rápidas y círculos para mostrar un número entre 100 y 200. ¿Qué número mostraste?

____

Nombre ____________________

Dibuja los números con recuadros, palitos de diez y círculos. Luego escribe la forma desarrollada.

1 176

100 + 70 + 6

2 143

____ + ____ + ____

3 184

____ + ____ + ____

¿Qué número se muestra?

C = Centenas, D = Decenas, U = Unidades

4 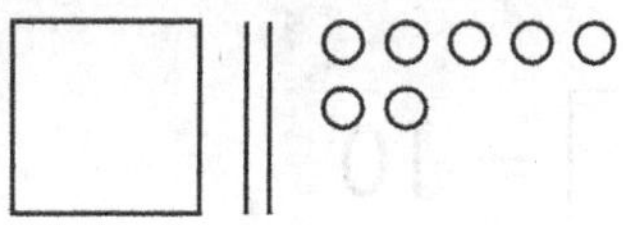

1 C 2 D 7 U

127 = 100 + 20 + 7

5 

____ C ____ D ____ U

____ = ____ + ____ + ____

6 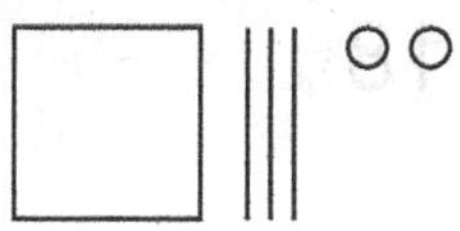

____ C ____ D ____ U

____ = ____ + ____ + ____

7 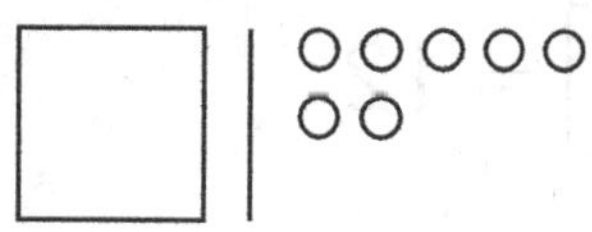

____ C ____ D ____ U

____ = ____ + ____ + ____

2-3
Recuerda

Nombre ______________________________

Escribe el sumando desconocido.

1. 5 + ☐ = 15   17 − 9 = ☐   7 + ☐ = 11

2. 6 + ☐ = 14   16 − 7 = ☐   3 + ☐ = 11

3. 7 + ☐ = 15   12 − 7 = ☐   6 + ☐ = 15

Completa la ecuación de suma de dobles.

4. ☐ + ☐ = 16

5. ☐ + ☐ = 10

6. ☐ + ☐ = 8

7. ☐ + ☐ = 14

8. ☐ + ☐ = 12

9. ☐ + ☐ = 18

10. **Amplía tu razonamiento** Muestra 194 de dos maneras diferentes.

____

____

2-4
Haz la tarea

Nombre ______________________________

Resuelve. Haz un dibujo de prueba. *Muestra tu trabajo.*

1. Mina recoge 63 flores de su jardín. Puede colocar 10 flores en cada florero. ¿Cuántos floreros puede llenar? ¿Cuántas flores adicionales tendrá?

   ☐ floreros ☐ flores adicionales

2. Luisa tiene 85 cupones. Puede cambiar 10 por un juguete. ¿Cuántos juguetes puede obtener Luisa por sus cupones? ¿Cuántos cupones le sobrarán?

   ☐ juguetes ☐ cupones que le sobrarán

3. El Dr. Turk quiere comprar libros que cuestan 10 dólares cada uno. Tiene 145 dólares. ¿Cuántos libros puede comprar? ¿Cuántos dólares le sobrarán?

   ☐ libros ☐ dólares le sobrarán

4. El equipo de atletismo tiene 72 botellas de agua. Empacan 10 por caja. ¿Cuántos cajas llenan? ¿Cuántas botellas de agua sobran?

   ☐ cajas ☐ botellas de agua que sobran

Nombre ______________________

Haz un dibujo. Escribe una ecuación.
Resuelve el problema.

1 Amir tenía 9 libros. Fue a la biblioteca y sacó prestados 4 más. ¿Cuántos tiene ahora?

☐ ______________________
rótulo

2 Isabel tenía 15 globos. Algunos de los globos se volaron. Ahora le quedan 8 globos. ¿Cuántos globos se volaron?

☐ ______________________
rótulo

3 ¿Qué número tiene 10 más que 9? Explica o muestra cómo lo sabes.

____

4 Escribe los números del 34 al 44.

____

5 **Amplía tu razonamiento** Haz un dibujo matemático para resolver el problema. Hay 47 niños en la clase de gimnasia de Ali. Deben formar grupos de 10. ¿Cuántos grupos de niños habrá? ¿Cuántos niños no estarán en un grupo de 10?

☐ grupos ☐ niños que no están en un grupo de 10

2-5
Haz la tarea

Nombre ____________________

Haz un dibujo por cada número. Escribe <, > o =.

1. 131 ○ 141
2. 29 ○ 28
3. 56 ○ 56
4. 132 ○ 38

Escribe <, > o =.

5. 157 ○ 175
6. 103 ○ 107
7. 80 ○ 18
8. 100 ○ 100
9. 148 ○ 149
10. 116 ○ 99
11. 122 ○ 150
12. 73 ○ 111
13. 64 ○ 64
14. 188 ○ 186

Nombre ______________________________

Suma.

1. 40 + 30 = ____ 60 + 20 = ____ 90 + 10 = ____
   4 + 3 = ____ 6 + 2 = ____ 9 + 1 = ____

2. 50 + 50 = ____ 70 + 20 = ____ 80 + 20 = ____
   5 + 5 = ____ 7 + 2 = ____ 8 + 2 = ____

3. 20 + 50 = ____ 30 + 20 = ____ 40 + 50 = ____
   2 + 5 = ____ 3 + 2 = ____ 4 + 5 = ____

Dibuja el número usando recuadros, palitos de diez y círculos. Luego escribe la forma desarrollada.

4	5
153	118
____ + ____ + ____	____ + ____ + ____

6. **Amplía tu razonamiento** ¿Qué número es mayor, 134 o 143? Explica. Si quieres, haz un dibujo.

____

____

Nombre ______________________________

Resuelve cada problema. *Muestra tu trabajo.*

1. La Sra. Green apila 25 cajas. El Sr. Green apila 37 cajas. ¿Cuántas cajas apilan en total?

   [ ] ____________________
   rótulo

2. El Sr. Green cuenta 56 bolsas de papel. La Sra. Green cuenta 65 bolsas de papel. ¿Cuántas bolsas de papel cuentan en total?

   [ ] ____________________
   rótulo

3. La Sra. Green apila 60 cebollas moradas. También apila 40 cebollas amarillas. ¿Cuántas cebollas apila la Sra. Green en total?

   [ ] ____________________
   rótulo

4. El Sr. Green vende 39 batatas. La Sra. Green vende 18 batatas. ¿Cuántas batatas venden en total?

   [ ] ____________________
   rótulo

2-6
Recuerda

Nombre ______________________

❶ Comienza con 10. Cuenta de decena en decena hasta 100.

____

❷ Escribe los números del 56 al 66.

____

❸ Escribe los números del 81 al 91.

____

Dibuja el número usando recuadros, palitos de diez y círculos. Luego escribe la forma desarrollada.

❹	❺	❻
127	109	133
100 + 20 + 7	___ + ___ + ___	___ + ___ + ___

❼ **Amplía tu razonamiento** Suma.

4 + 4 = ____ 3 + 6 = ____

40 + 40 = ____ 30 + 60 = ____

140 + 40 = ____ 130 + 60 = ____

2-7
Haz la tarea

Nombre ______________________

Resuelve. Haz un dibujo de prueba. *Muestra tu trabajo.*

1. Kivy hace 34 canastas. Su papá hace 58 canastas. ¿Cuántas canastas hacen en total?

   ☐ ______________________
   rótulo

2. Glen imprimió 67 carteles ayer y 86 más hoy. ¿Cuántos carteles imprimió en total?

   ☐ ______________________
   rótulo

Suma.

3. $\begin{array}{r} 39 \\ +\ 44 \\ \hline \end{array}$ $\quad$ $\begin{array}{r} 67 \\ +\ 56 \\ \hline \end{array}$ $\quad$ $\begin{array}{r} 47 \\ +\ 98 \\ \hline \end{array}$

4. $\begin{array}{r} 48 \\ +\ 33 \\ \hline \end{array}$ $\quad$ $\begin{array}{r} 85 \\ +\ 68 \\ \hline \end{array}$ $\quad$ $\begin{array}{r} 94 \\ +\ 57 \\ \hline \end{array}$

Nombre ______________________________

Haz un dibujo. Escribe una ecuación.
Resuelve el problema.

1. Elena puso la mesa para 9 personas. Tres personas más fueron a cenar. ¿Cuántas personas había en total?

☐ ______________________
rótulo

2. Héctor tenía 12 monedas de 1¢. Perdió 4. ¿Cuántas monedas tiene ahora?

☐ ______________________
rótulo

3. Oni se comió 3 galletas que horneó. Ahora le quedan 9. ¿Cuántas horneó?

☐ ______________________
rótulo

4. Aisha encontró 9 conchas de mar en la playa. Ahora tiene 17 conchas de mar. ¿Cuántas tenía antes de ir a la playa?

☐ ______________________
rótulo

5. **Amplía tu razonamiento** Tisa colecciona adhesivos de animales. Tenía 96 adhesivos. Encontró 4 adhesivos más. Luego su prima le dio 16 más. ¿Cuántos adhesivos tiene ahora? Explica cómo hallaste tu respuesta.

____

____

2-8
Haz la tarea

Nombre ______________________

$$\begin{array}{r} 86 \\ +\ 57 \\ \hline 130 \\ +\ 13 \\ \hline 143 \end{array} \quad \text{o} \quad \begin{array}{r} 86 \\ +\ 57 \\ \hline 143 \end{array}$$

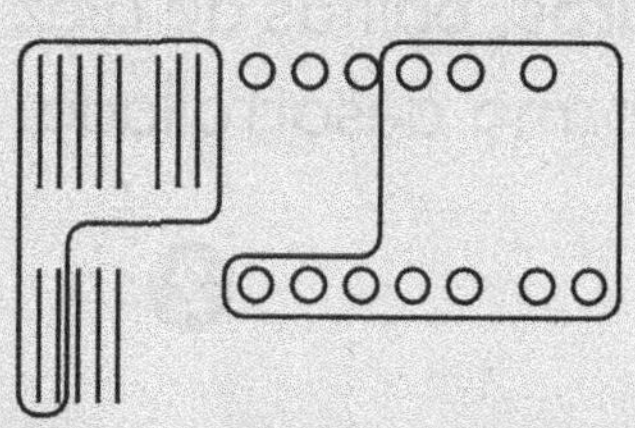

130 + 13 = 143

Suma. Usa cualquier método.

1

$$\begin{array}{r} 97 \\ +\ 45 \\ \hline \end{array} \qquad \begin{array}{r} 54 \\ +\ 39 \\ \hline \end{array} \qquad \begin{array}{r} 35 \\ +\ 47 \\ \hline \end{array}$$

2

$$\begin{array}{r} 56 \\ +\ 77 \\ \hline \end{array} \qquad \begin{array}{r} 76 \\ +\ 88 \\ \hline \end{array} \qquad \begin{array}{r} 86 \\ +\ 65 \\ \hline \end{array}$$

3

$$\begin{array}{r} 47 \\ +\ 73 \\ \hline \end{array} \qquad \begin{array}{r} 87 \\ +\ 49 \\ \hline \end{array} \qquad \begin{array}{r} 57 \\ +\ 48 \\ \hline \end{array}$$

2-8
Recuerda

Nombre ______________________________

Dibuja el número con recuadros, palitos de diez y círculos. Luego escribe la forma desarrollada.

1 185 _____ + _____ + _____	**2** 132 _____ + _____ + _____

Haz un dibujo por cada número. Escribe <, > o =.

3 143 ◯ 151

4 87 ◯ 87

Suma.

5 9 + 9 = _____ 8 + 4 = _____ 8 + 6 = _____

90 + 90 = _____ 80 + 40 = _____ 80 + 60 = _____

6 Resuelve el problema. Jimena tenía una caja de 39 crayones. Juan le dio otros 28 crayones. ¿Cuántos crayones tiene ahora?

Muestra tu trabajo.

☐ ____________________
rótulo

7 **Amplía tu razonamiento** Suma. Explica tu método.

$$\begin{array}{r} 74 \\ +\ 67 \\ \hline \end{array}$$

____

Nombre ____________________

```
  75         75
+ 49       + 49
 110         11
+ 14        124
 124   o
```

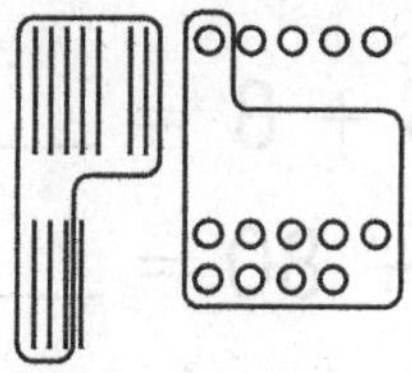

110 + 14 = 124

Suma. Usa cualquier método.

1

83	65	78
+ 79	+ 47	+ 34

2

74	48	92
+ 99	+ 87	+ 59

3

63	75	86
+ 77	+ 48	+ 32

2-9
Recuerda

Nombre ______________________

Suma.

1 7 + 9 = ____ 5 + 8 = ____ 4 + 6 = ____

70 + 90 = ____ 50 + 80 = ____ 40 + 60 = ____

2 100 + 36 = ____ 41 + 100 = ____ 100 + 67 = ____

10 + 36 = ____ 41 + 10 = ____ 10 + 67 = ____

1 + 36 = ____ 41 + 1 = ____ 1 + 67 = ____

Resuelve. Haz un dibujo de prueba. *Muestra tu trabajo.*

3 La Sra. Martin hace 36 sándwiches para una feria escolar. Su amiga hace 24 sándwiches. ¿Cuántos sándwiches hacen en total?

☐ ______________________
rótulo

4 Luis tiene una colección de 58 rocas. Encuentra 44 más. ¿Cuántas rocas tiene ahora?

☐ ______________________
rótulo

Suma. Usa cualquier método.

5

$$\begin{array}{r} 74 \\ +\ 96 \\ \hline \end{array} \qquad \begin{array}{r} 58 \\ +\ 69 \\ \hline \end{array} \qquad \begin{array}{r} 45 \\ +\ 87 \\ \hline \end{array}$$

6 **Amplía tu razonamiento** Halla el sumando desconocido.

$$\begin{array}{r} 57 \\ +\ \square \\ \hline 125 \end{array}$$

Nombre ______________________

Sé el ayudante. ¿Está bien la respuesta? Escribe *sí* o *no*.
Si es *no*, corrige los errores y escribe la respuesta correcta.

43 + 28 = 71 ¿Está bien? Sí	45 + 23 = 78 ¿Está bien? No → 45 + 23 = 68

1. 27 + 45 = 72 ¿Está bien? ☐
2. 68 + 26 = 84 ¿Está bien? ☐
3. 32 + 29 = 511 ¿Está bien? ☐
4. 16 + 67 = 91 ¿Está bien? ☐
5. 59 + 25 = 74 ¿Está bien? ☐
6. 51 + 44 = 95 ¿Está bien? ☐
7. 85 + 56 = 141 ¿Está bien? ☐
8. 58 + 99 = 147 ¿Está bien? ☐
9. 73 + 82 = 165 ¿Está bien? ☐

2-10 Recuerda

Nombre ______________________________

Resuelve. Haz un dibujo de prueba. *Muestra tu trabajo.*

1. Sara tiene 58 semillas de flores para sembrar en su huerto. Su papá tiene 49 semillas. ¿Cuántas semillas tienen en total?

   ☐ ______________ rótulo

2. Oliver tiene una colección de 79 monedas. Un amigo le da 25 monedas más. ¿Cuántas monedas tiene en total?

   ☐ ______________ rótulo

Suma. Usa cualquier método.

3. $\begin{array}{r} 88 \\ +\ 56 \\ \hline \end{array}$ $\begin{array}{r} 75 \\ +\ 49 \\ \hline \end{array}$ $\begin{array}{r} 64 \\ +\ 28 \\ \hline \end{array}$

4. $\begin{array}{r} 99 \\ +\ 88 \\ \hline \end{array}$ $\begin{array}{r} 77 \\ +\ 44 \\ \hline \end{array}$ $\begin{array}{r} 69 \\ +\ 83 \\ \hline \end{array}$

5. **Amplía tu razonamiento** Escribe un ejercicio de suma de dos dígitos y halla el total.

   Ejemplo: $\begin{array}{r} 47 \\ +\ 56 \\ \hline 103 \end{array}$

Nombre ____________________

Estas son algunas frutas y vegetales del puesto de productos agrícolas. Responde las siguientes preguntas. Luego dibuja el monto de dinero. El primero está hecho para ti.

Manzanas 79¢	Berenjena 96¢	Peras 58¢	Cebollas 67¢	Naranjas 85¢

¿Cuánto gastarías si quisieras comprar

1. manzanas y naranjas?

   164 ¢

   $ 1.64

   1 dólar (10) (10) (10) (10) (10) (10) (1) (1) (1) (1)

2. manzanas y cebollas?

   ________ ¢

   $ ________

3. peras y cebollas?

   ________ ¢

   $ ________

4. berenjenas y naranjas?

   ________ ¢

   $ ________

2-11
Recuerda

Nombre ______________________________

Suma. Usa cualquier método.

1

$$\begin{array}{r} 76 \\ +\ 38 \\ \hline \end{array} \qquad \begin{array}{r} 52 \\ +\ 39 \\ \hline \end{array} \qquad \begin{array}{r} 67 \\ +\ 88 \\ \hline \end{array}$$

2

$$\begin{array}{r} 28 \\ +\ 96 \\ \hline \end{array} \qquad \begin{array}{r} 74 \\ +\ 39 \\ \hline \end{array} \qquad \begin{array}{r} 51 \\ +\ 89 \\ \hline \end{array}$$

Sé el ayudante. ¿Está bien la respuesta? Escribe *sí* o *no*. Si es *no*, corrige los errores y escribe la respuesta correcta.

3 $\begin{array}{r} 28 \\ +\ 66 \\ \hline 94 \end{array}$ ¿Está bien? ☐

4 $\begin{array}{r} 61 \\ +\ 38 \\ \hline 109 \end{array}$ ¿Está bien? ☐

5 $\begin{array}{r} 57 \\ +\ 89 \\ \hline 147 \end{array}$ ¿Está bien? ☐

6 $\begin{array}{r} 33 \\ +\ 67 \\ \hline 90 \end{array}$ ¿Está bien? ☐

7 $\begin{array}{r} 82 \\ +\ 79 \\ \hline 161 \end{array}$ ¿Está bien? ☐

8 $\begin{array}{r} 54 \\ +\ 95 \\ \hline 159 \end{array}$ ¿Está bien? ☐

9 **Amplía tu razonamiento** Doris compra algunas manzanas por 69¢ y algunas peras por 78¢. Da al cajero $1.50. ¿Da suficiente dinero al cajero? Explica.

____

2-12
Haz la tarea

Nombre ______________________________

Debajo de las monedas, escribe el monto total de dinero hasta ahora. Luego escribe el total usando $. El primero está hecho para ti.

1 5¢ 5¢ 5¢ 5¢

5¢ 10¢ 15¢ 20¢ $ 0 . 2 0 total

2 5¢ 5¢ 1¢ 1¢ 1¢

____ ____ ____ ____ ____ $ ___.___ ___ total

3 10¢ 10¢ 1¢ 1¢ 1¢ 1¢

____ ____ ____ ____ ____ ____ $ ___.___ ___ total

4 10¢ 10¢ 10¢ 5¢ 5¢ 5¢

____ ____ ____ ____ ____ ____ $ ___.___ ___ total

5 Troy tiene 1 moneda de 10¢, 5 monedas de 5¢ y 4 monedas de 1¢. Dibuja (10), (5) y (1).

Escribe el monto total de dinero. $ ___.___ ___ total

2-12
Recuerda

Nombre ______________________________

Suma. Usa cualquier método.

1

$$\begin{array}{r} 68 \\ +\ 57 \\ \hline \end{array} \qquad \begin{array}{r} 85 \\ +\ 29 \\ \hline \end{array} \qquad \begin{array}{r} 94 \\ +\ 76 \\ \hline \end{array}$$

Sé el ayudante. ¿Está bien la respuesta? Escribe *sí* o *no*. Si es *no*, corrige los errores y escribe la respuesta correcta.

2 $\begin{array}{r} 52 \\ +\ 74 \\ \hline 126 \end{array}$ ¿Está bien? ☐

3 $\begin{array}{r} 84 \\ +\ 46 \\ \hline 140 \end{array}$ ¿Está bien? ☐

4 $\begin{array}{r} 63 \\ +\ 69 \\ \hline 122 \end{array}$ ¿Está bien? ☐

Responde las siguientes preguntas. Luego dibuja el monto de dinero.

5 Dino compró un racimo de zanahorias por 89¢ y algo de apio por 78¢. ¿Cuánto gastó?

____

6 Tina compró un racimo de zanahorias por 88¢ y apio por 58¢. ¿Cuánto gastó?

____

7 **Amplía tu razonamiento** Dibuja 10 monedas para mostrar un monto entre 50¢ y $1.00. Usa solamente (10), (5) y (1). Asegúrate de que sea el menor número de monedas para ese monto.

2-13
Haz la tarea

Nombre ____________________

Suma.

1.
$$\begin{array}{r} 42 \\ +\ 54 \\ \hline \end{array}$$

2.
$$\begin{array}{r} 19 \\ +\ 64 \\ \hline \end{array}$$

3.
$$\begin{array}{r} 58 \\ +\ 32 \\ \hline \end{array}$$

4.
$$\begin{array}{r} 70 \\ +\ 23 \\ \hline \end{array}$$

5.
$$\begin{array}{r} 29 \\ +\ 29 \\ \hline \end{array}$$

6.
$$\begin{array}{r} 47 \\ +\ 34 \\ \hline \end{array}$$

7.
$$\begin{array}{r} 38 \\ +\ 62 \\ \hline \end{array}$$

8.
$$\begin{array}{r} 51 \\ +\ 20 \\ \hline \end{array}$$

9.
$$\begin{array}{r} 82 \\ +\ 17 \\ \hline \end{array}$$

10. Explica cómo hallaste el total del ejercicio 7.

____

____

____

Nombre ____________________

Resuelve. Haz un dibujo de prueba. *Muestra tu trabajo.*

1. Sal va a un vivero y ve 57 manzanos y 79 perales.
¿Cuántos árboles ve en total?

☐ ____________________
rótulo

2. Carol tiene una bolsa de canicas rojas y amarillas.
48 son rojas y 63 son amarillas.
¿Cuántas canicas tiene en total?

☐ ____________________
rótulo

Suma. Usa cualquier método.

3. $47 + 77$ $91 + 29$ $38 + 67$

Sé el ayudante. ¿Está bien la respuesta? Escribe *sí* o *no*.
Si es *no*, corrige los errores y escribe la respuesta correcta.

4. $57 + 49 = 106$ ¿Está bien? ☐

5. $72 + 39 = 101$ ¿Está bien? ☐

6. $63 + 78 = 142$ ¿Está bien? ☐

7. **Amplía tu razonamiento** Escribe un problema de suma usando números de dos dígitos. Resuelve el problema. Muestra tu trabajo.

____

____

2-14
Haz la tarea

Nombre ______________________________

Suma.

1. 19 + 26 + 31 = ______

2. 25 + 36 + 27 = ______

3. 28 + 35 + 23 + 38 = ______

4. 17 + 44 + 56 + 30 = ______

Nombre ______________________________

Suma. Usa cualquier método.

1

$$\begin{array}{r} 90 \\ +\ 80 \\ \hline \end{array} \qquad \begin{array}{r} 69 \\ +\ 59 \\ \hline \end{array} \qquad \begin{array}{r} 65 \\ +\ 38 \\ \hline \end{array}$$

2

$$\begin{array}{r} 35 \\ +\ 89 \\ \hline \end{array} \qquad \begin{array}{r} 53 \\ +\ 66 \\ \hline \end{array} \qquad \begin{array}{r} 77 \\ +\ 91 \\ \hline \end{array}$$

Sé el ayudante. ¿Está bien la respuesta? Escribe *sí* o *no*.
Si es *no*, corrige los errores y escribe la respuesta correcta.

3
$$\begin{array}{r} 58 \\ +\ 86 \\ \hline 144 \end{array}$$
¿Está bien? ☐

4
$$\begin{array}{r} 71 \\ +\ 68 \\ \hline 149 \end{array}$$
¿Está bien? ☐

5
$$\begin{array}{r} 87 \\ +\ 99 \\ \hline 185 \end{array}$$
¿Está bien? ☐

6 Suma. Explica cómo hallaste el total.

$$\begin{array}{r} 64 \\ +\ 36 \\ \hline \end{array}$$

____

____

____

7 **Amplía tu razonamiento** Escribe un ejercicio de suma usando tres números de dos dígitos. Halla el total.

2-15
Haz la tarea

Nombre ____________________

Resuelve cada problema. *Muestra tu trabajo.*

1. Violet devuelve 4 botellas al Centro de Reciclaje. Recibe una moneda de 5¢ por cada botella. ¿Cuánto dinero recibe?

   ____

2. Jesse recibe 40¢ por latas que lleva al Centro de Reciclaje. Recibe 5¢ por cada lata. ¿Cuántas latas lleva?

   ☐ ____________________
   rótulo

3. Rosa lleva 25 latas al Centro de Reciclaje. Jorge lleva 39 latas. ¿Cuántas latas llevan en total?

   ☐ ____________________
   rótulo

4. Escribe un problema sobre el reciclaje que tenga como respuesta *85 botellas*.

   ____
   ____
   ____

2-15 Recuerda

Nombre ______________________________

Debajo de las monedas, escribe el monto total de dinero hasta ahora. Luego escribe el total usando $.

1

_____ _____ _____ _____ _____ $____.____ ____

2

_____ _____ _____ _____ _____ $____.____ ____

Suma.

3
$$\begin{array}{r} 45 \\ +\ 19 \\ \hline \end{array}$$

4
$$\begin{array}{r} 76 \\ +\ 20 \\ \hline \end{array}$$

5
$$\begin{array}{r} 67 \\ +\ 23 \\ \hline \end{array}$$

Suma.

6 $22 + 17 + 35 = \square$

7 $15 + 39 + 31 + 49 = \square$

8 **Amplía tu razonamiento** Darif quiere comprar 3 boletos para una atracción de la feria. Cada boleto cuesta 39¢. Darif tiene $1.28.

¿Cuántos boletos puede comprar? ______________________

Cuánto dinero gastará? ______________________

3-1
Haz la tarea

Nombre ______________________

Cuenta las longitudes de 1 cm. Escribe la longitud.

❶ 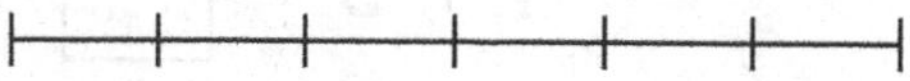 ☐ cm

❷  ☐ cm

❸  ☐ cm

❹ Usa tu regla de centímetros para dibujar un segmento de recta de 8 cm de largo. Marca las longitudes de 1 cm.

Usa una regla de centímetros para marcar las longitudes de 1 cm. Escribe la longitud.

❺

☐ cm

❻ 

☐ cm

❼

☐ cm

3-1
Recuerda

Nombre ____________________

Forma una decena para hallar el total.

❶ 4 + 7 = ☐ 4 + 8 = ☐ 9 + 5 = ☐

❷ 8 + 5 = ☐ 7 + 9 = ☐ 6 + 7 = ☐

Dibuja líneas para formar pares.
Escribe impar o par.

❸ ● ● ● ● ● / ● ● ● ● ●

____

❹ ● ● ● ● ● ● / ● ● ● ● ● ● ●

____

Suma.

❺ 30 + 60 = ______ 50 + 20 = ______ 10 + 90 = ______

3 + 6 = ______ 5 + 2 = ______ 1 + 9 = ______

❻ **Amplía tu razonamiento** Ryan mide la longitud de su bolígrafo. Coloca el extremo del bolígrafo en la marca de 1 cm de su regla. Indica por qué la medición será incorrecta.

____

____

____

3-2
Haz la tarea

Nombre ______________________________

Busca figuras en tu casa y el vecindario.

1. Haz una lista o dibuja objetos que muestren cuadrados.

2. Haz una lista o dibuja objetos que muestren rectángulos.

3. Haz una lista o dibuja objetos que muestren triángulos.

4. Haz una lista o dibuja objetos que muestren pentágonos.

5. Haz una lista o dibuja objetos que muestren hexágonos.

Nombre ____________________

Halla el sumando desconocido.

1 4 + ☐ = 12 8 + ☐ = 15 14 − ☐ = 9

2 6 + ☐ = 12 5 + ☐ = 11 13 − ☐ = 7

Halla el total.

3

7	6	9	16	12	17
+ 4	+ 8	+ 4	− 8	− 3	− 9
___	___	___	___	___	___

¿Qué números se muestran?

C = Centenas, D = Decenas, U = Unidades

4

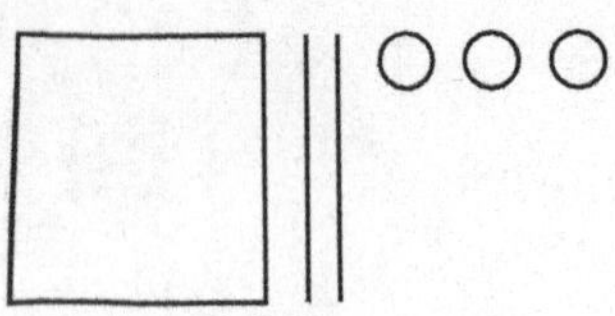

____ C ____ D ____ U

____ = ____ + ____ + ____

5

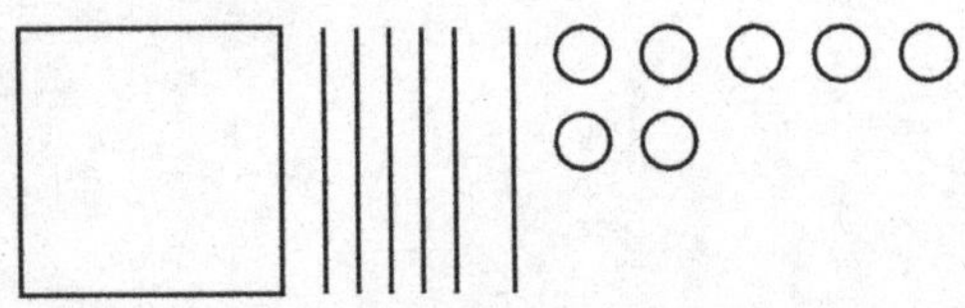

____ C ____ D ____ U

____ = ____ + ____ + ____

6 **Amplía tu razonamiento** Ian tiene 2 pajillas largas y 2 pajillas cortas. ¿Cómo puede usar todas las pajillas para hacer un triángulo?

____

____

____

3-3
Haz la tarea

Nombre ________________________________

Usa una regla de centímetros. Halla la distancia alrededor de cada figura.

1

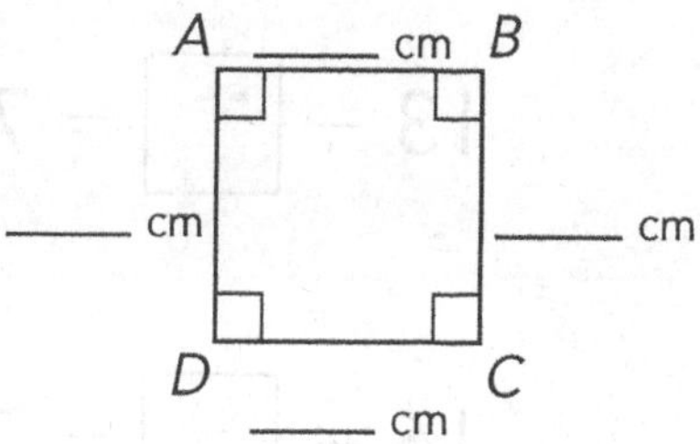

_____ cm + _____ cm + _____ cm + _____ cm

= _____ cm

2

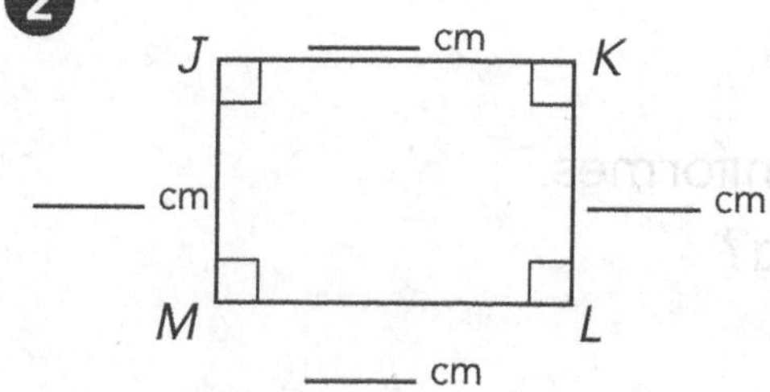

_____ cm + _____ cm + _____ cm + _____ cm

= _____ cm

Estima y luego mide cada lado.
Luego halla la distancia alrededor del rectángulo.

3 **a.** Completa la tabla. Usa una regla de centímetros para medir.

Lado	Estimación	Medida
HI		
IJ		
JK		
KH		

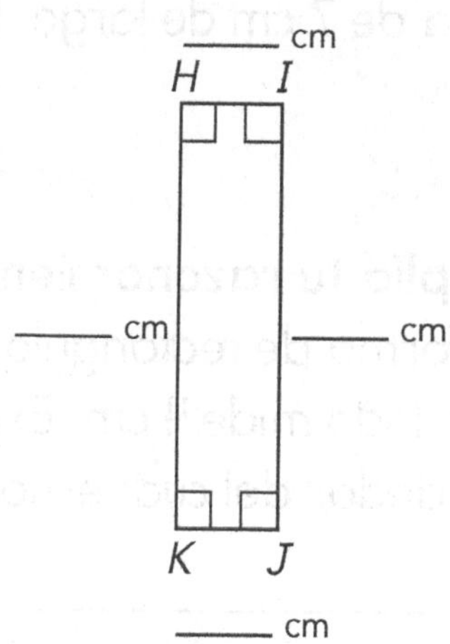

b. Halla la distancia alrededor del rectángulo.

_____ cm + _____ cm + _____ cm + _____ cm = _____ cm

Nombre ____________________

Escribe el sumando desconocido.

1. 5 + ☐ = 13 4 + ☐ = 12 13 − ☐ = 7

2. 8 + ☐ = 14 8 + ☐ = 17 16 − ☐ = 7

Resuelve. Haz un dibujo de prueba. *Muestra tu trabajo.*

3. El entrenador Walker recibe un envío de 153 uniformes. Los coloca en cajas de 10. ¿Cuántas cajas llena? ¿Cuántos uniformes sobran?

☐ cajas ☐ uniformes que sobran

4. Usa tu regla de centímetros para trazar un segmento de recta de 7 cm de largo. Marca y cuenta longitudes de 1 cm.

5. **Amplía tu razonamiento** Alex tiene un cuaderno pequeño en forma de rectángulo. Sabe que un lado mide 6 cm y el otro lado mide 4 cm. Explica cómo hallar la distancia alrededor del cuaderno sin usar una regla.

____

____

____

3-4
Haz la tarea

Nombre ____________________

Estima y mide cada lado. Luego halla la distancia alrededor del triángulo.

1 a. Completa la tabla.

Lado	Estimación	Medida
AB		
BC		
CA		

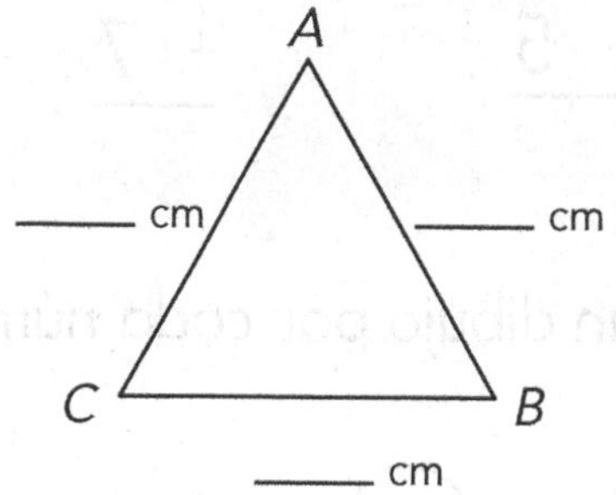

b. Halla la distancia alrededor del triángulo.

_____ cm + _____ cm + _____ cm = _____ cm

2 a. Completa la tabla.

Lado	Estimación	Medida
DE		
EF		
FD		

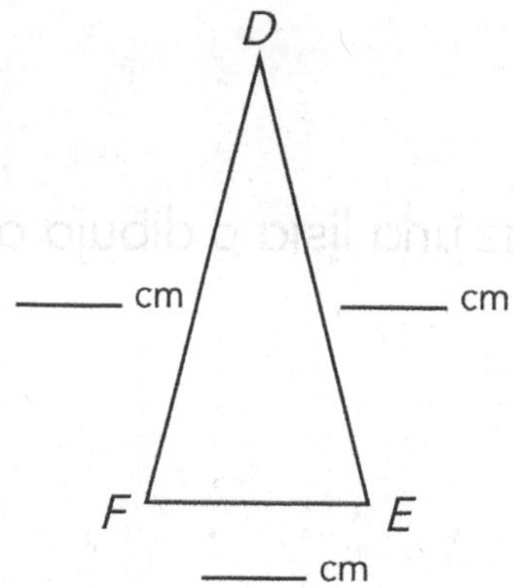

b. Halla la distancia alrededor del triángulo.

_____ cm + _____ cm + _____ cm = _____ cm

3 a. Completa la tabla.

Lado	Estimación	Medida
JK		
KL		
LJ		

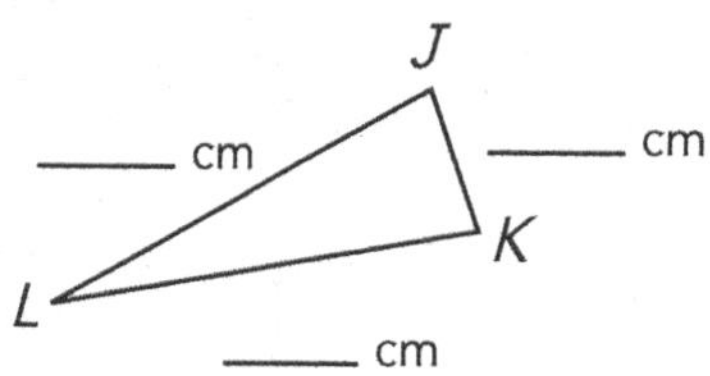

b. Halla la distancia alrededor del triángulo.

_____ cm + _____ cm + _____ cm = _____ cm

Nombre ______________________

Halla el total.

1

8	4	6	14	13	16
+ 5	+ 7	+ 6	− 5	− 7	− 9

Haz un dibujo por cada número. Escribe <, > o =.

2 131 ◯ 122

3 27 ◯ 35

4 Haz una lista o dibuja objetos que muestren rectángulos.

5 **Amplía tu razonamiento** Dibuja y rotula dos triángulos diferentes. Cada figura debe tener una distancia alrededor aproximada de 12 cm.

3-5
Haz la tarea

Nombre ______________________

Nombrea las figuras usando las palabras del recuadro.

cubo	cuadrilátero	pentágono	hexágono

1 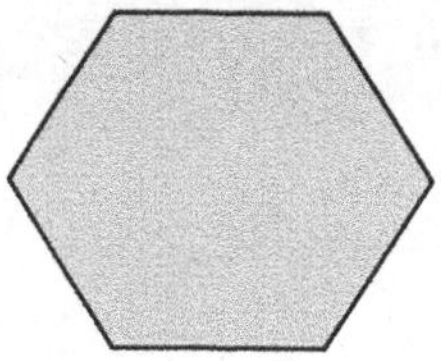

____

2 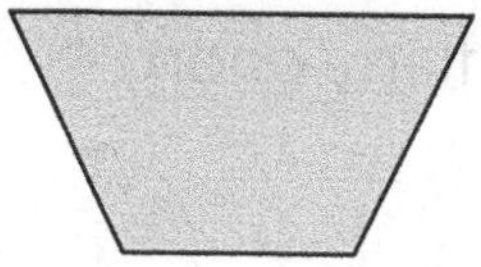

____

3 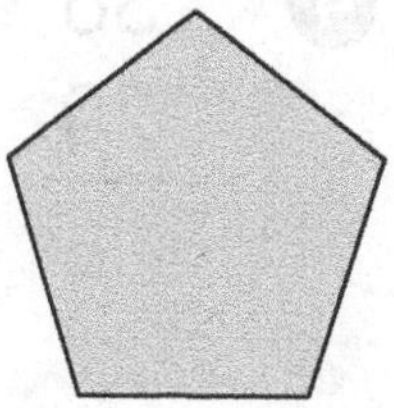

____

4 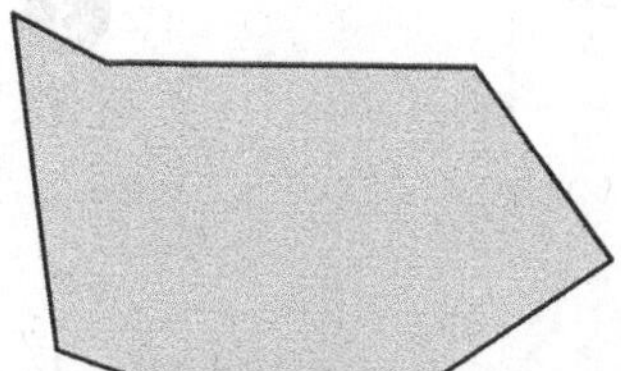

____

5 

____

6 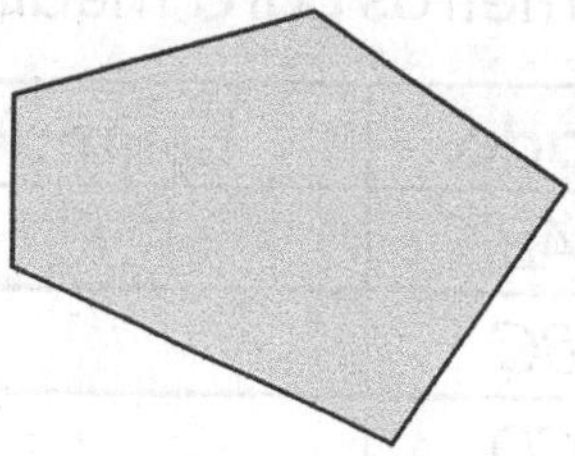

____

7 

____

8 

____

3-5
Recuerda

Nombre ______________________________

Haz un dibujo. Escribe una ecuación. Resuelve el problema.

1 Tanya hornea 12 pastelitos. Vende 9 en la venta de pasteles. ¿Cuántos pastelitos tiene ahora?

☐ ____________________
rótulo

Suma.

2 $\begin{array}{r} 53 \\ +\ 28 \\ \hline \end{array}$

3 $\begin{array}{r} 87 \\ +\ 45 \\ \hline \end{array}$

4 $\begin{array}{r} 36 \\ +\ 79 \\ \hline \end{array}$

Estima y luego mide cada lado. Luego halla la distancia alrededor del rectángulo.

5 **a.** Completa la tabla. Usa una regla de centímetros para medir.

Lado	Estimación	Medida
AB		
BC		
CD		
DA		

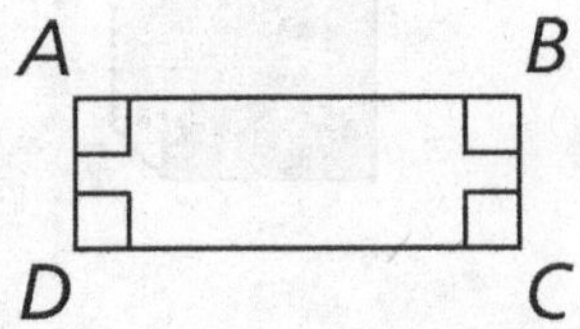

b. Halla la distancia alrededor del rectángulo.

_____ cm + _____ cm + _____ cm + _____ cm = _____ cm

6 **Amplía tu razonamiento** Escribe todos los nombres que se te ocurran que describan una figura de cuatro lados.

____

____

3-6
Haz la tarea

Nombre ____________________

Completa la tabla. Estima la altura de seis personas, mascotas u objetos. Halla las alturas reales. Luego, resta para hallar la diferencia entre tu estimación y la medida real.

Persona, mascota u objeto	Altura estimada (cm)	Altura real (cm)	Diferencia entre la altura estimada y la real (cm)

Nombre ______________________________

Haz un dibujo. Escribe una ecuación. Resuelve el problema.

1 Chase tiene algunos CD de música. 9 son de música rock. Los otros 8 son de música pop. ¿Cuántos CD tiene Chase?

☐ ______________________
rótulo

Suma. Usa cualquier método.

2 $\begin{array}{r} 68 \\ +\ 35 \\ \hline \end{array}$

3 $\begin{array}{r} 52 \\ +\ 79 \\ \hline \end{array}$

4 $\begin{array}{r} 84 \\ +\ 86 \\ \hline \end{array}$

Estima y luego mide cada lado. Luego halla la distancia alrededor del triángulo.

5 **a.** Completa la tabla.

Lado	Estimación	Medida
AB		
BC		
CA		

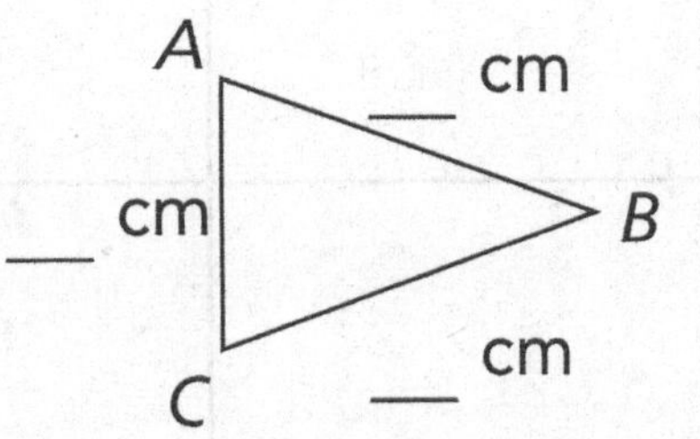

b. Halla la distancia alrededor del rectángulo.

_____ cm + _____ cm + _____ cm = _____ cm

6 **Amplía tu razonamiento** Halla dos objetos del salón de clases cuya longitud estimas que tiene una diferencia de 3 cm. Luego mide cada objeto.

Objeto 1 Estimación: ________ cm Medición: ________ cm

Objeto 2 Estimación: ________ cm Medición: ________ cm

Diferencia entre el objeto 1 y el objeto 2: ________ cm

3-7
Haz la tarea

Nombre ______________________________

1 Busca cinco objetos en casa para medir en pulgadas. Elige objetos que midan menos de 1 yarda (36 pulg) de largo. Estima y mide la longitud de cada objeto. Mide a la pulgada más cercana. Completa la tabla.

Objeto	Longitud estimada (pulg)	Longitud medida (pulg)

2 Marca los datos de la última columna del Ejercicio 1 en el diagrama de puntos.

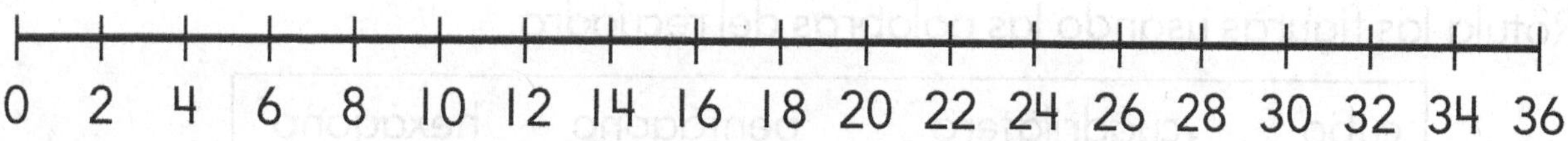

Longitud de los objetos (pulgadas)

3 Busca cinco objetos en casa para medir en pies o yardas. Completa la tabla. Recuerda incluir las unidades con tus mediciones.

Objeto	Longitud de los objetos (pies o yardas)

3-7
Recuerda

Nombre ______________________________

Haz un dibujo para emparejar o dibuja barras de comparación. Resuelve el problema.

Muestra tu trabajo.

❶ Erin tiene 6 uvas. Cody tiene 8 uvas más que Erin. ¿Cuántas uvas tiene Cody?

☐ ______________________
rótulo

Debajo de las monedas, escribe el monto total de dinero hasta ahora. Luego escribe el total usando $.

❷ 10¢ 10¢ 5¢ 5¢ 1¢ 1¢

_____ _____ _____ _____ _____ $___.___ ___
total

Rotula las figuras usando las palabras del recuadro.

cubo	cuadrilátero	pentágono	hexágono

❸

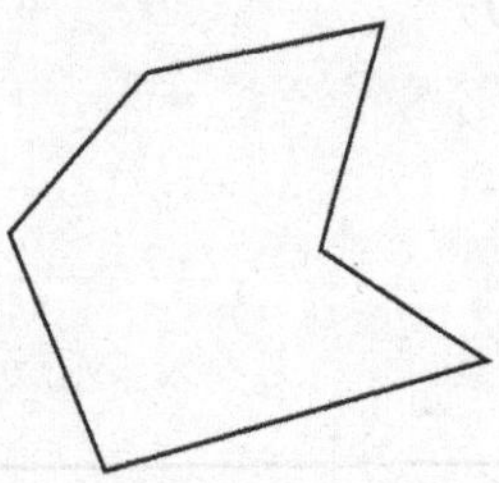

____

❹

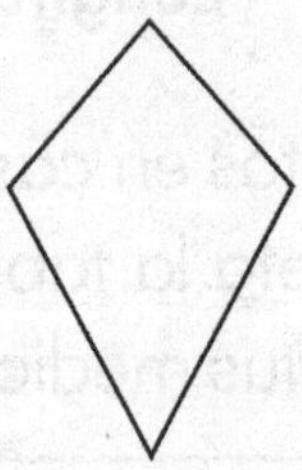

____

❺ **Amplía tu razonamiento** Explica por qué usamos reglas en lugar de las manos o los dedos para medir las cosas.

____

____

____

3-8
Haz la tarea

Nombre ______________________

❶ Mide cada segmento de recta.

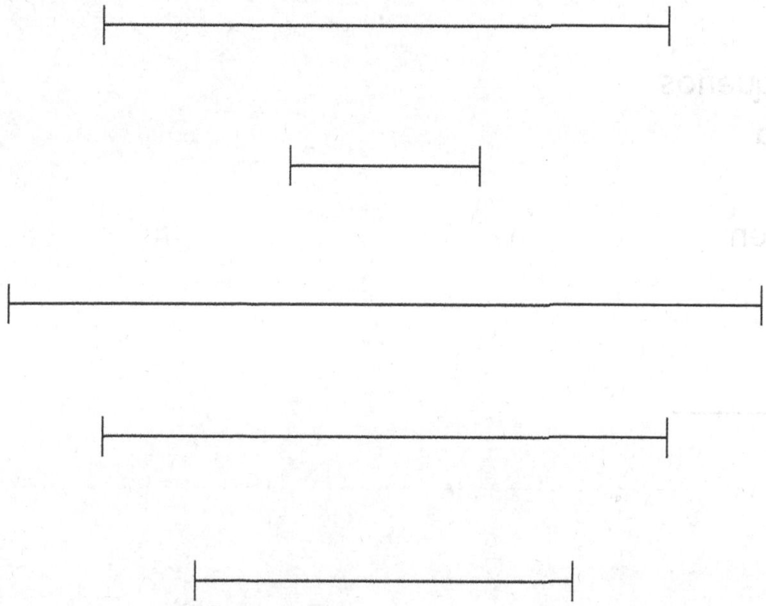

______ pulg

______ pulg

______ pulg

______ pulg

______ pulg

❷ Muestra los datos del Ejercicio 1 en este diagrama de puntos.

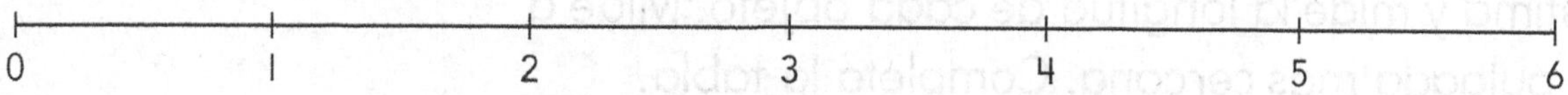

Longitud de los segmentos (pulgadas)

❸ Encierra en un círculo *más* o *menos*.

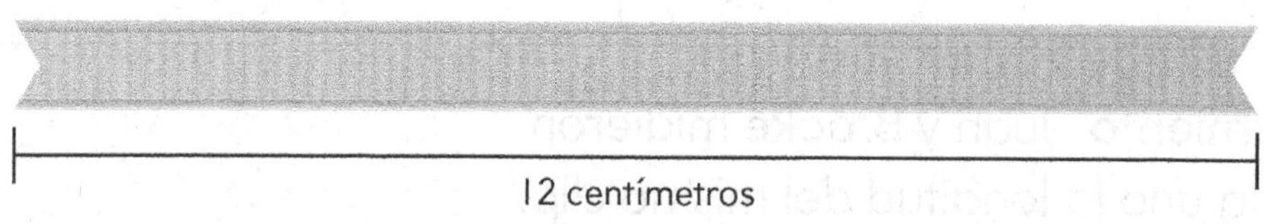

El número de pulgadas será *más* / *menos* que el número de centímetros.

3-8
Recuerda

Nombre ______________________________

Resuelve el problema. *Muestra tu trabajo.*

1. Mya tiene una pila de 15 vasos. Hay 7 vasos pequeños y algunos vasos altos en la pila. Usa 3 vasos altos. ¿Cuántos vasos altos hay en la pila ahora?

   ☐ ______________ rótulo

Suma.

2. $74 + 15$

3. $47 + 26$

4. $58 + 34$

5. Busca dos objetos para medirlos en pulgadas. Estima y mide la longitud de cada objeto. Mide a la pulgada más cercana. Completa la tabla.

Objeto	Longitud estimada (pulg)	Longitud medida (pulg)

6. **Amplía tu razonamiento** Juan y Brooke midieron correctamente cada uno la longitud del mismo clip. Juan dice que el clip mide cerca de 5. Brooke dice que mide cerca de 2. Explica cómo ambos pueden tener razón.

____

____

Nombre ______________________________

Colorea el patrón del edredón. Usa la siguiente tabla.

Figura	Color
triángulo	verde
cuadrilátero	rojo
pentágono	morado
hexágono	amarillo

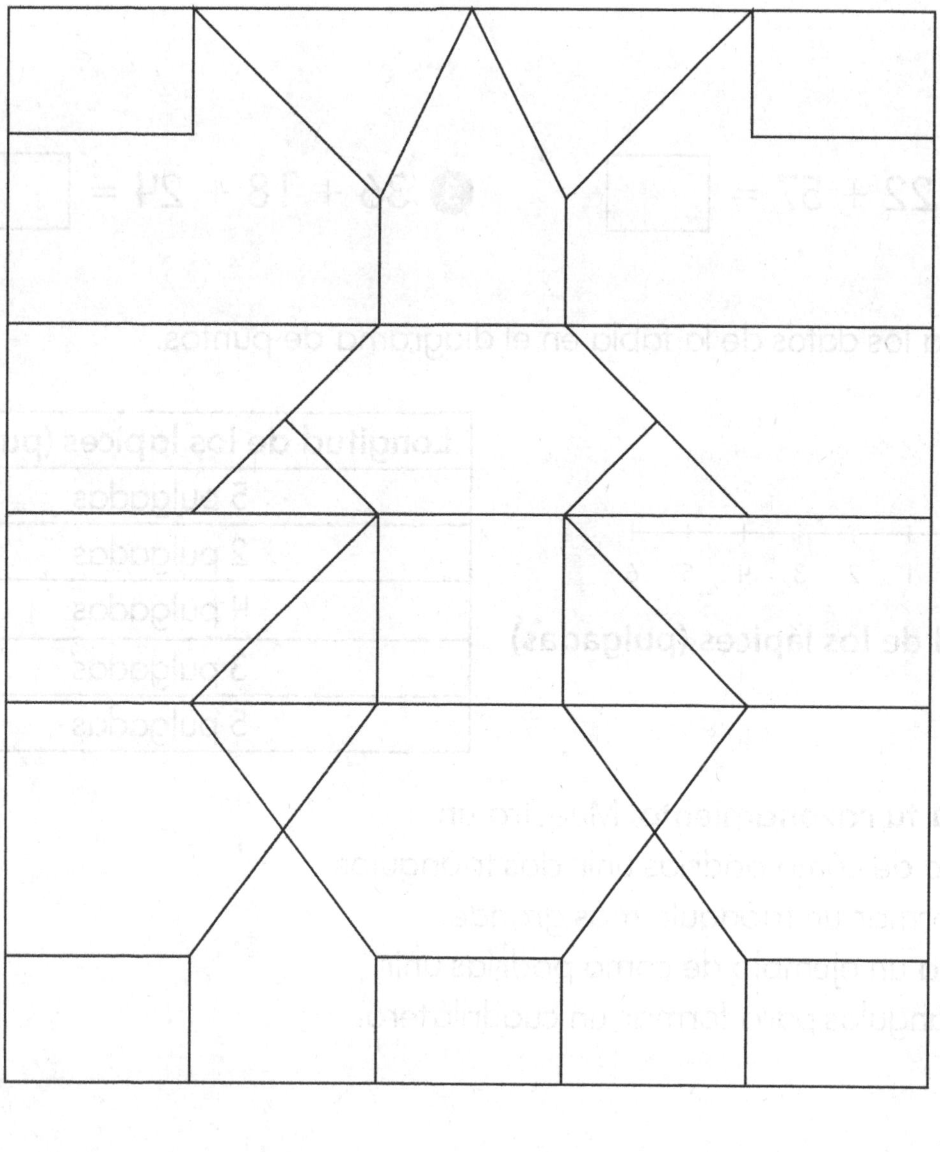

3-9
Recuerda

Nombre ____________________

Haz un dibujo. Escribe una ecuación.
Resuelve el problema.

❶ Evan tiene 4 marcadores. Eso es 7 marcadores menos que Jenna. ¿Cuántos marcadores tiene Jenna?

☐ ____________________
rótulo

Suma.

❷ $14 + 22 + 57 = \square$

❸ $36 + 18 + 24 = \square$

❹ Muestra los datos de la tabla en el diagrama de puntos.

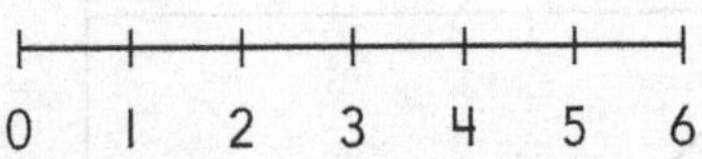

Longitud de los lápices (pulgadas)

Longitud de los lápices (pulgadas)
5 pulgadas
2 pulgadas
4 pulgadas
3 pulgadas
5 pulgadas

❺ **Amplía tu razonamiento** Muestra un ejemplo de cómo podrías unir dos triángulos para formar un triángulo más grande. Muestra un ejemplo de cómo podrías unir dos triángulos para formar un cuadrilátero.